ARABISCHES HOROSKOP

W0173127

Paula Delsol

Arabisches Horoskop

Das astrologische Spiel
zwischen Vorherbestimmung
und Willensfreiheit

edition
Tramontane

Titel der französischen Originalausgabe:
Horoscopes arabes

1. Auflage 1989

© Mercure de France 1971

© der deutschen Ausgabe
Edition Tramontane, Bad Münstereifel und Trilla (P. O.)

Alle Rechte der deutschen Ausgabe vorbehalten

Printed in Germany

ISBN 3-925828-12-5

INHALT

SOZIALE STELLUNG DER ELTERN

1	Untere Gesellschaftsschichten: Bettler, Obdachlose, Arbeitslose auf Lebzeit; moralisch, physisch oder geistig Gestörte, Alkoholiker usw.	**KURZE WAFFEN**
2	Hilfsarbeiter, ungelernte Arbeiter, Zugehfrau, Soldat usw.	
3	Facharbeiter, Maurer; Metzger, Bäcker, Kammerdiener, Schreibkraft, undiplomierte Krankenschwester, Handwerker; kleine Kaufleute und Einzelhändler usw.	
4	Polizist, untere (auch militärische) Dienstgrade usw. Alle kurzfristigen Beschäftigungen, Gelegenheitsjobber.	
5	Bürovorsteher, Werkmeister, Aufseher und Vorgesetzte in der Verwaltung usw. Berufssoldat, außer General. Alle Befehls-empfänger. Kleine Angestelle.	**MITTLERE WAFFEN**
6	Bauern und Landwirte. Diejenigen, die das Landleben gewählt haben.	
7	Geistesarbeiter: Autodidakt, Postbeamter, Volksschullehrer, Sekretärin, kleine Schauspieler, kleine Journalisten, Buchhändler und Verleger. Angestellte.	
8	Geld. Gehobener Mittelstand, Handel und Industrie. Rentner und Privatiers. Alle Berufe, die Geld zu ihrem Lebensziel machen.	
9	Regierung. Höherer militärischer Dienstgrad. Hoher Beamter.	**LANGE WAFFEN**
10	Geistesarbeiter: Studienrat, Richter, bekannter Journalist usw. Freie Berufe: Architekt, Arzt, Ingenieur usw. Schauspieler. Leitende Angestellte.	
11	Schöpferische Berufe: Künstler, Schriftsteller. Philosoph, Wissenschaftler. Idealisten in Politik und Religion usw.	
12	Alle Künstler, Philosophen, Wissenschaftler und Idealisten, die berühmt geworden sind und deshalb einen Einfluß auf ihre Zeit ausüben.	

	GEBURTSDATUM		EINWOHNERZAHL DES GEBURTSORTES	
MESSER	1	24. Aug. - 23. Sept.: Sternzeichen Jungfrau	1	unter 500
DOLCH	2	21. März - 20. April: Sternzeichen Widder	2	500-2.000
LANGMESSER	3	22. Juni - 22. Juli: Sternzeichen Krebs	3	2.000-5.000
ARABISCHER DOLCH	4	24. Okt. - 22. Nov.: Sternzeichen Skorpion	4	5.000-15.000
MORGENSTERN	5	22. Mai - 21. Juni: Sternzeichen Zwillinge	5	15.000-50.000
KEULE	6	21. April - 21. Mai: Sternzeichen Stier	6	50.000-100.000
AXT	7	19. Febr. - 20. März: Sternzeichen Fische	7	100.000-200.000
KETTE	8	24. Sept. - 23. Okt.: Sternzeichen Waage	8	200.000-350.000
SCHWERT	9	23. Juli - 23. August: Sternzeichen Löwe	9	350.000-600.000
LANZE	10	22. Dez. - 20. Januar: Sternzeichen Steinbock	10	600.000-1.500.000
SCHLEUDER	11	21. Januar - 18. Febr.: Sternzeichen Wassermann	11	1.500.000-5.000.000
BOGEN	12	23. Nov. - 21. Dez.: Sternzeichen Schütze	12	über 5.000.000

EINLEITUNG

Das arabische Horoskop ist sumerischer Herkunft und im Zeitalter der großen astrologischen und mathematischen Entdeckungen in Nordarabien, genauer: im früheren Mesopotamien, dem Zweistromland zwischen Euphrat und Tigris, entstanden. Mit der arabischen Zivilisation breitete es sich über den gesamten Mittelmeerraum und sogar bis nach Mauretanien und den äußersten Süden der Sahara aus. Je nach den Bedingungen des sozialen Umfelds und dem Temperament der Bevölkerung erlebte es überall eine andere Entwicklung. Teile davon verfestigten sich, wie unsere traditionellen Horoskope, andere gingen verloren.

Nur Sizilien, das bis ins 11. Jahrhundert von den Arabern besetzt war, aber eifersüchtig auf den Traditionen seiner Vorväter beharrte und den Okkupatoren hartnäckig trotzte, hat merkwürdigerweise Spuren dieser Horoskope bewahrt, wo sie in Verbindung mit der immer noch lebendigen, »wirkenden« . . . und geheimen Magie erhalten geblieben sind: nicht aber in intellektuellen Kreisen, sondern im Volk und bei den Bauern, wo sie übrigens auch herstammen.

Von diesen Horoskopen sind nur wenige schriftlich fixiert, und die sind so geheim, daß es fast unmöglich ist, sie in die Hand zu bekommen. Wenn es aber durch Zufall gelingt, so hilft das auch nicht viel weiter — so schwierig ist es, sie auszudeuten. Die astrologische Sprache des Thebit Ben Corat, Khalib Ibn Jazib, Geber, Rasis und des großen Albumasar ist uns nicht zugänglich. Allein die mündliche Überlieferung hat es uns ermöglicht, mit Hilfe von Magiern, Heilern, Sehern und anderen *fattuchiere* sowie von fahrenden Sängern und *cantastori* diese Hosroskope zu rekonstruieren; und dies trotz des Schweigens und Rätsels, mit dem sie sich umgeben.

An dieser Stelle kann ich wohl ein paar seltsame Geschichten erzählen, die sich im Zusammenhang mit unseren Nachforschungen zugetragen haben.

Signora Marsia Talento befaßt sich (unentgeltlich) mit Zauberei. Sie ist eine Frau aus dem Volke, blond, mit blauen hervortretenden Augen. Sie heilt, spendet Trost, befreit von bösem Zauber . . . Lachen Sie nicht! Sie empfing mich in einem Trikotagenlädchen und bat mich um Geduld: Sie war gerade dabei, einen bösen Zauber zu vertreiben. Das Schauspiel hätte mich vielleicht zum Lachen gereizt, wenn der Fall nicht tragisch gewesen wäre. Schließlich drehte sich die Signora zu mir um und sagte:

»Sie leben auf dem Lande, in der Nähe von Versailles.« Das stimmt. Und in ganz normalem Gesprächston setzte sie hinzu:

»Ich weiß das, weil ich einen ‚Geist' in Versailles habe.«

Signora Talento spricht von »ihren Geistern« wie ein Regisseur von seinen Assistenten.

Und dann sagte sie nachdrücklich:

»Von nun an können Sie mich rufen, wenn Sie mich brauchen.«

Ich versuche zu scherzen:

»Aber keine Indiskretionen!«

»Oh!« meint sie lachend, »sie und ich, wir plaudern niemals etwas aus!«

Ihr verdanke ich es, den schwierigsten Teil dieses Horoskops zu rekonstruieren, der sich auf den Ort bezieht.

Eine andere Geschichte. Weil wir mit unseren Ergebnissen unzufrieden sind, organisieren meine Freunde Philippo Citarella (ein Marxist-Leninist) und Aldo Pisciotta für mich eine spiritistische Sitzung bei einem, der sich Franco nennt, von drei Geistern bewohnt wird (sic!), im übrigen aber sehr sympathisch ist.

Von dieser Sitzung, die selbst für einen Marxisten-Leninisten aufregend war, werde ich an anderer Stelle berichten. Hier muß ich noch erwähnen, daß Philippo und ich an diesem Morgen in der Bibliothek eines Museums eine alte arabische Karte vom Mittelmeer und von Sizilien gefunden hatten, die unseren heutigen Karten sehr ähnlich war — zu jener Zeit eine außerordentliche Leistung. Franco hat diese Karte, die er nie gesehen hatte, in einer Art unbewußten Zeichenübung ganz genau aufgezeichnet! . . .

Ein fahrender Erzähler hat uns dann endgültig aufgeklärt und es uns ermöglicht, die alten Texte der arabischen Astrologen, Weisen und Magier zu deuten. Diese *cantastori* ziehen von Stadt zu Stadt und erzählen Geschichten aus alter Zeit, die unterschiedlichsten Begebenheiten und . . . Horoskope. Sie sind mit der Zeit gegangen und haben Plattenspieler und Lautsprecher auf ihren Wagen angebracht. Auf den Plätzen der Dörfer und Städte entfalten sie vor ihren Zuschauern eine Art von »Comic Strips« und kommentieren jede Episode mit Singen, Lachen oder Weinen, wie es gerade paßt. Eine dieser Bilderfolgen hatte mit dem arabischen Horoskop zu tun. Es hat mich viel Mühe gekostet, sein Geheimnis zu lüften.

Auch mein Freund Giovanni Campo muß erwähnt werden, ein sympathischer Carabiniere, der mich in seiner Freizeit herumgefahren hat, und ganz besonders Antonio Benenati, ein Sizilianer. Er ist ein ausgezeichneter Nationalökonom und Soziologe; ohne ihn wären diese Horoskope vergessen geblieben.

Bei den Universitätsprofessoren traf ich auf liebenswürdiges Entgegenkommen. Dank Professor Bonomo konnte ich eine Dissertation über . . . Magie zu Rate ziehen! Und Professor Rizzitano, ein Spezialist für arabische Fragen, setzte allem die Krone auf, als er mir sagte:

»Hier in Sizilien nennt man alles ‚arabisch‘, was man nicht kennt . . .Seien Sie also vorsichtig!«

Das mag ja sein . . . aber ich bin nicht mißtrauisch.

Ein seltsames Land! Alle, die an Magie glauben, zweifeln sie an; alle, die nicht daran glauben, haben Zweifel an ihrer eigenen Gewißheit. Wie kann man in Sizilien ein vom Verstand geprägter Mensch bleiben, wenn man nicht taub und blind ist? Lieber Marxist-Leninist Philippo Citarella, es ist viel einfacher, an Gott nicht zu glauben als an Hexen nicht zu glauben! Denn in Sizilien lacht man nicht über die Magie. Man lebt mit ihr. Könnte man es wagen, so würde man heute noch Hexen verbrennen.

Eine festgefügte Ordnung und Magie sind unvereinbar . . .
Und gerade darin liegt die Macht der Magie.

★

Das Leben ist Kampf, das weiß jeder. Und bestimmt sind wir aus diesem Grund unter dem Zeichen einer Waffe geboren, die nicht nur unser Verhalten dem Leben gegenüber symbolisiert, sondern, entsprechend ihrer Kraft und Reichweite, auch wie ein Talisman wirkt.

Ihre Grundwaffe ist nur Ihr Ausgangspunkt. Sie sind nicht dazu verdammt, Ihr Leben unter einem Zeichen verbringen zu müssen, ohne etwas daran ändern zu können. Sie können Ihrem Leben eine andere Richtung geben, nach einer Reihe von Fehlschlägen »absteigen« oder, im Gegenteil, »aufsteigen« dank Ihrer persönlichen Eigenschaften oder infolge glücklicher Begegnungen mit günstigen Waffen, die Ihrem Schicksal die nötige Würze geben.

Ihr Leben wird ein immerwährender Kampf sein, aus dem der Friede verbannt ist. Selbst der zufriedene, gelassene Mensch muß sich davor hüten, auch nur eine Sprosse auf der Leiter, die man realistischerweise die soziale nennen muß, abzusteigen. Fassen Sie also Mut und kämpfen Sie mit Ihrem Schicksal . . . mit gleichwertigen Waffen.

ERSTER TEIL

Ihre Waffe des Aufbruchs

Ihre Waffe der Ankunft

Wir werden Ihnen zeigen, wie Sie ausrechnen können, unter welchem Zeichen Sie geboren sind. Diese Zeichen — zwölf an der Zahl — werden durch Waffen symbolisiert. Es gibt vier kurze Waffen, vier mittlere und vier lange Waffen. Die kurzen Waffen sind am ungünstigsten, die langen am wirkungsvollsten.

Ihre Waffe der Ankunft zu bestimmen, ist ganz einfach. Sie müssen nur in die Tabelle schauen und dort die soziale Schicht heraussuchen, der Sie angehören . . . oder ein entsprechendes Umfeld. Achtung! Dieses Horoskop verlangt große Klarheit.

Welches ist Ihre Geburtswaffe oder »Waffe des Aufbruchs«?

Ihr Grundhoroskop wird durch drei Elemente bestimmt:

1. Ihr Geburtsdatum gibt Ihnen Ihre Waffe der Vorherbestimmung.
2. Ihr Geburtsort gibt Ihnen Ihre Waffe der Neigung.
3. Der soziale Status Ihrer Eltern gibt Ihnen Ihre Waffe der Chancen.

Jede dieser Waffen wird durch eine Zahl von 1 bis 12 dargestellt (siehe Tabelle am Anfang des Buches). Sie müssen nur diese drei Zahlen addieren und die Summe durch drei teilen, um die Zahl zu erhalten, die Ihrer Grundwaffe entspricht.

I. Ihr Geburtsdatum oder der Faktor »Zeit«

Das Neugeborene wird innerhalb des kosmischen Universums durch die Zeit *vorherbestimmt*. Arabisches und traditionelles Horoskop treffen sich hier, aber die Reihenfolge ist eine andere. Machen Sie sich selbst ein Bild davon:

Kurze Waffen
1. Messer: 24. August bis 23. September. Jungfrau. Erdzeichen.
2. Dolch: 21. März bis 20. April. Widder. Feuerzeichen.
3. Langmesser: 22. Juni bis 22. Juli. Krebs. Wasserzeichen.
4. Arabischer Dolch: 24. Oktober bis 22. November. Skorpion. Feuerzeichen.

Mittlere Waffen
5. Morgenstern: 22. Mai bis 21. Juni. Zwillinge. Luftzeichen
6. Keule: 21. April bis 21. Mai. Stier. Luftzeichen.
7. Axt: 19. Februar bis 20. März. Fische. Wasserzeichen.
8. Kette: 24. September bis 23. Oktober. Waage. Luftzeichen.

Lange Waffen
9. Schwert: 23. Juli bis 23. August. Löwe. Feuerzeichen.
10. Lanze: 22. Dezember bis 20. Januar. Steinbock. Erdzeichen.
11. Schleuder: 21. Januar bis 18. Februar. Wassermann. Luftzeichen.
12. Bogen: 23. November bis 21. Dezember. Schütze. Erdzeichen.

Nun kennen Sie Ihre Waffe der Vorherbestimmung, die vom Faktor »Zeit« abhängt.

Natürlich liegt es in Ihrem Interesse, eher im Zeichen des Wassermanns oder des Steinbocks geboren zu sein als im Zeichen der Jungfrau oder des Widders: Die beiden ersten bringen Ihnen eine lange Waffe der Vorherbestimmung, die beiden letzten, oh weh! eine kurze . . . Und diese Waffe besiegelt in etwa Ihr Schicksal und das, was Ihr Leben sein würde, wenn Sie weder Anstrengungen noch Fehler machten und wenn Sie keine Hilfe von außen erhielten.

II. Ihr Geburtsort oder der Faktor »Ort«

Hier geht es um die geographische Festlegung des Neugeborenen innerhalb des Universums. Dieses Horoskop läßt auch hier Realismus erkennen, wenn es nicht gar Zynismus ist. Ihre Waffe der Neigung ist tatsächlich um so länger, je mehr Einwohner das Dorf oder die Stadt hat, in der Sie geboren wurden. Große Städte bedeuten lange, kleine Ortschaften kurze Waffen.

Und es verhält sich ja tatsächlich so, daß diejenigen, die in einem kleinen Dorf ohne Gymnasium, ohne Universität, ohne Museum, ohne Bibliothek geboren wurden, weniger Möglichkeiten haben, sich zu entfalten, und weniger Gelegenheiten, sich Verbindungen zu schaffen, als diejenigen, die in einer Großstadt geboren wurden!

Ein befreundeter Mathematiker hat mir geholfen, diese Waffen unserer Neigung für unsere Zeit proportional neu zu berechnen (früher gab es ja keine Städte mit fünf Millionen Einwohnern). Sehen Sie in der Tabelle nach. Und lesen Sie auch das Kapitel über die Waffe Ihrer Neigung, damit Sie sich selbst besser kennenlernen.

III. Der soziale Status Ihrer Eltern oder der Faktor »Umfeld«

Niemand kann die Bedeutsamkeit des sozialen Milieus hinsichtlich der Erfolgschancen einer Person leugnen. Wer in intellektuellen, reichen oder berühmten Kreisen geboren wurde, wird durch die Hilfe, die ihm zukommen wird, mehr Startchancen haben als einer, der in ärmlichen und ungebildeten Kreisen geboren wurde. Das ist nicht gerecht, wir beklagen es, aber es ist so. Hier zeigt sich auch einer der Hauptvorzüge dieses Horoskops: Es ist realistisch.

Der Status der Eltern ist also der Faktor »Chancen«.

Achtung! Die Waffe Ihrer Eltern bei deren Geburt ist dabei nicht von Belang. Sie können sich natürlich damit vergnügen, diese herauszufinden, damit Sie erfahren, ob jene »auf«- oder »abgestiegen« sind, aber nur ihre Waffe der Ankunft müssen Sie berücksichtigen. Zu diesem Zweck schauen Sie in der Spalte »soziale Stellung der Eltern« der Tabelle nach, die von 1 bis 12 durchnumeriert ist.

In den meisten Fällen ist es der Vater, der den sozialen Status bestimmt. Wenn aber die Mutter berühmt ist und der Vater unbedeutend, dann ist es die Waffe der Mutter, die Ihre Waffe der Chancen sein wird — zumindest dann, wenn Ihr Schicksal dieser nicht völlig gleichgültig gewesen ist. Wenn Ihre Eltern geschieden sind, nehmen Sie einen Mittelwert von beiden und versuchen Sie, dabei demjenigen mehr Gewicht zu geben, der Sie erzogen hat.

Eine Bemerkung: Wenn Sie nur den sozialen Status derjenigen kennen, die Sie aufgezogen haben, so ist deren Waffe Ihre Waffe der Chancen. Sie sollten allerdings ein Inter-

esse daran haben, die Waffe Ihrer leiblichen Eltern herauszufinden, um den Mittelwert der beiden Waffen zu bekommen, denn die Vererbung spielt auf diesem Gebiet eine
wichtige Rolle.

Schauen Sie sich die Tabelle an. Ein Beispiel:

Adoptiveltern = Kette = 8
Leibliche Eltern = Messer = 1
$8 + 1 = 9$ $9 : 2 = 4,5$

Was Ihre Chancen angeht, so haben Sie teils den arabischen Dolch, teils den Morgenstern als Waffe im Hinblick
auf Ihre Chancen.

Anhand der Tabelle ist es ganz einfach für Sie, Ihre Geburtswaffe zu finden. Diese Waffe gibt Ihnen den Start ins Leben.

Ein Beispiel: Sie sind am 6. Oktober in Büdelsdorf geboren. Ihre Eltern sind Lehrer. Schauen Sie in der Tabelle nach.

6. Oktober = Kette = 8. (Mit der Kette als Waffe der Vorherbestimmung können Sie reich werden . . .)

Büdelsdorf (598 Einwohner) = Dolch = 2. (Da der Dolch die Waffe Ihrer Neigung ist, haben Sie kaum hochfliegende Pläne.)

Lehrer = Axt = 7. (Die Axt als Waffe der Chancen bedeutet, daß Sie damit rechnen müssen, daß Ihre Eltern Ihnen bei den Schularbeiten auf die Finger sehen!)

Jetzt addieren Sie diese drei Zahlen:

8 + 2 + 7 = 17.

Das Ergebnis teilen Sie durch drei. Das ergibt 5,66.

Da 5,66 mehr zur 6 tendiert, ist Ihre Waffe die Keule.

Wenn Sie heute Arzt sind, haben Sie vier Stufen übersprungen. Bravo! Wenn Sie sich aber in der Kaserne befinden (Dolch), dann haben Sie sicher schlechten Umgang gehabt . . .

Wir raten Ihnen dringlich, dieses Horoskop für erzieherische Zwecke zu nutzen:

Drohen Sie Ihrem kleinen Faulpelz, der als Kette geboren wurde, damit, daß er ein Dolch oder sogar ein ganz gewöhnliches Messer werden wird . . . Ermutigen Sie den anderen, der gute Aufsätze schreiben kann, aber als Axt geboren wurde, indem Sie ihm die wunderbaren Dinge vor Augen führen, die der Status der Lanze, der Schleuder oder des Bogens mit sich bringt.

Seien Sie ruhig neugierig und ermitteln Sie die Geburtswaffe Ihrer Eltern, Ihrer Freunde oder berühmter Persönlichkeiten, die Sie interessieren. In welche Richtung haben sie sich entwickelt? Sind sie »auf«- oder »abgestiegen«?

Und Sie? Welche Waffe sind Sie gewesen? Zu welcher Waffe sind Sie geworden? Welche Waffe hätten Sie gern erreicht? Vielleicht ist es noch nicht zu spät, um etwas dafür zu tun. Steigen Sie den Hang weiter hinauf.

Ihr Charakter wird sicherlich immer von beiden Waffen bestimmt: Ihrer Waffe des Aufbruchs und Ihrer Waffe der Ankunft. Sie sind in der Tat mit gewissen Mängeln und gewissen Vorzügen geboren worden, und Ihr Umgang, Ihre Erziehung, mit einem Wort: das Leben hat Ihre Entwicklung geprägt. Behalten Sie also beide Waffen im Auge, wenn Sie sich selbst ergründen wollen.

Allgemeines

Stellen wir fest, daß das Messer im eigentlichen Sinne die kürzeste dieser Waffen und der arabische Dolch die längste ist. Ihre unterschiedliche Reichweite symbolisiert ihre Einflußmöglichkeiten.

Wenn Sie unter dem Zeichen einer kurzen Waffe geboren wurden, sind Sie verschlossen, oft mit Komplexen beladen; Sie können sich nicht gut ausdrücken und verstehen es nicht, Ihre Vorzüge ins rechte Licht zu rücken.

Die kurzen Waffen versuchen nicht zu »glänzen« und auf andere Einfluß auszuüben: Das ist ihre Sache nicht. Sie entwickeln im allgemeinen kaum Initiative und haben nur selten Verantwortungsgefühl. *Sie geben sich mit wenig zufrieden und fordern nichts.*

Diese Waffen haben es bitter nötig, daß man ihnen hilft und sie vorwärtstreibt, damit sie einige Sprossen nach oben klettern. Die mittleren Waffen sind für sie gut erreichbar, und die kurzen Waffen haben die ärgerliche Neigung, sich damit zu begnügen. Sie werden mit diesem Aufstieg sogar vollauf zufrieden sein. Nur wenige von ihnen werden Kette werden können, denn es fehlt ihnen an Gewandtheit, Schlauheit und Ehrgeiz.

Die langen Waffen können sie aber nur schwerlich erringen. Geben Sie es gleich auf, wenn Sie als kurze Waffe geboren sind, Schwert werden zu wollen: Die Ehren und das Geschäft des Befehlens sind nicht Ihr Zuständigkeitsbereich, und es ist unmöglich, sich ein Schwert aus dem Ärmel zu schütteln. Die Lanze wird Sie sicher auch nicht mit offenen Armen empfangen, aber mit gutem Willen, mit Mut und mit ... Glück können Sie es immerhin versuchen. Rechnen Sie jedoch nicht zu sehr damit.

Wenn Sie das Glück haben, mit einer kreativen Begabung gesegnet zu sein, steht nichts dem entgegen, daß Sie Schleuder oder sogar Bogen werden, wenn Sie Ihren Umgang nur mit der nötigen Sorgfalt aussuchen.

Was das »Absteigen« anbelangt, so ist die Gefahr für die kurzen Waffen nicht groß. Sicher, das Messer bedroht den Dolch, der Dolch dagegen stellt für das Langmesser, das alles gut im Griff hat, kaum ein Risiko dar. Und der phantasiebegabte arabische Dolch hat eher die Tendenz, Berg- und Talbahn zu fahren.

Kurzum, machen Sie sich keine Illusionen — für Sie wird alles schwierig: Ihr Verdienst wird dafür um so größer sein.

1. Kapitel

Das Messer

Hier handelt es sich wohlgemerkt um ein ganz gewöhnliches Messer mit feststehender Klinge, um so eines, wie es fast jeder in seiner Hosentasche herumschleppt, um diese Art von Messer, mit dem man, auch ohne es zu lernen, umgehen kann. . . .

A

WENN DAS MESSER IHRE WAFFE DES AUFBRUCHS IST

Wenn Sie durch ein Mißgeschick auf dem flachen Land im Zeichen Jungfrau geboren wurden und Ihre Eltern Alkoholiker sind, dann ist Ihre Ausgangsbasis übel. In Wirklichkeit wird man aber höchst selten als Messer geboren — man wird dazu.

Das Messer ist kein schlechtes Pferd, aber seine Unreife macht aus ihm ein unordentliches, oftmals träges Wesen, ohne jeden Ehrgeiz und unvorsichtig.

Ein wenig primitiv und ganz einfach undiszipliniert, wenn man das nicht unabhängig nennen will, kennt das

Messer nur ein Gesetz: das der geringsten Anstrengung. Dieses wendet es wortwörtlich an. Selbst in der Liebe mag das Messer sich nicht verausgaben. Es ist nicht sinnlich, sondern ein Träumer.

Da ihm alles gleichgültig ist, macht es sich über seine Umwelt und über das »Was werden die Leute sagen?« lustig. Es lebt in den Tag hinein. Und so kommt es vor, daß sich niemand um das Messer kümmert.

Es findet nicht schlimm, wenn es »gehänselt« oder »schikaniert« wird. Es ist ein bißchen masochistisch und gefällt sich in einer Art passiver Empörung; es ergötzt sich sogar an den Beleidigungen, mit denen man es überhäuft. Es wahrt Abstand zur Gesellschaft, die es verachtet und nicht anerkennt, denn es steht mit gezücktem Messer gegen alles, was organisiert ist. Vom Charakter her ist es lebhaft, aber seine Angriffslust ist nicht sehr wirkungsvoll. Das Messer ist nicht gerade intelligent, dafür aber hinterlistig und oftmals scheinheilig: Man wehrt sich, wie man kann.

Kurzum, dieser Nichtsnutz, dieser Gelegenheitsanarchist bricht schon als Besiegter auf.

Dennoch wäre es gut beraten, wenn es seinen sehr sicheren Instinkt benutzte. Es hat oft einen Hang zur Natur, Sinn für Poesie und manchmal sogar künstlerisches Talent. Da es rührselig ist, hat es viel zu oft Tränen in den Augen, als daß man seine Empfindsamkeit ernst nehmen könnte. Sehr in sich selbst verschlossen, kann oder will dieser herumstreunende Kater seine wenigen Begabungen nicht nutzen.

Wie dem auch sei, das Messer tröstet sich mit dem Gedanken, daß es wenigstens nicht noch tiefer »fallen« kann...

Die anderen Waffen und Messer

Der Dolch. Der Dolch hegt einige Sympathie für das Messer, das diese Sprosse ohne Schwierigkeiten erklimmen kann.

28

Das Langmesser. Es gibt keine Affinität zwischen diesen beiden. Das Messer mag keine Präzisionsarbeit. Die Präzisionsarbeit zahlt ihm das mit gleicher Münze zurück. Sie verachten einander. Ein Messer würde lieber »krepieren«, als ein Langmesser zu werden.

Der arabische Dolch. Achtung, Gefahr! Der arabische Dolch macht das Messer ohne große Umstände kaputt. Und etwa selbst ein arabischer Dolch zu werden — davon kann ein Messer nicht einmal träumen.

Der Morgenstern. Dieselbe, schier unüberwindliche Schwierigkeit wie beim arabischen Dolch. Der Morgenstern, der immerhin ehrenwerter ist, bemüht sich jedoch ständig, dem Messer zu helfen.

Die Keule. Es kommt vor, daß sie dem Messer behilflich ist, denn sie ist großzügig. Das Messer kann zu ihr aufsteigen . . . durch den Lieferanteneingang.

Die Axt. Die Axt ist toleranter. Sie bringt es fertig, dem Messer zu helfen, ohne es zu verstehen. Ein solches Messer kann über die Poesie zur Axt werden. Es gibt unter den Messern auch Autodidakten.

Die Kette. Die Kette verachtet das Messer, das alles tut, um ihr zu mißfallen; und wenn es eines Tages durch Geld selbst Kette wird — was aber selten geschieht —, dann tut es rein aus Spaß weiterhin alles, um ihr zu mißfallen.

Das Schwert. Für das Schwert existiert das Messer nicht. Es nimmt es gar nicht wahr. Das Messer kann keinesfalls darauf sinnen, Schwert zu werden.

Die Lanze. Sie betrachtet das Messer mit Sympathie, aber auch mit Herablassung. Das Messer träumt nicht davon, Lanze zu werden . . . dafür ist es nicht kultiviert genug.

Die Schleuder. Sie ist die größte Verbündete des Messers; da sie auch ein wenig mißraten ist und zum Scheitern neigt, fühlt sie sich ihm solidarisch. Sie ist immer bereit, ihm zu helfen, besonders wenn es kreative Anlagen hat, für die sie Interesse hat. Das Messer kann Schleuder werden.

Der Bogen. Zwar nicht so entgegenkommend wie die Schleuder, denn er ist besonnener, aber auch von größerer Wirksamkeit, hilft der Bogen dem Messer, wenn er glaubt, daß es die Mühe lohnt. Ein Messer kann Bogen werden. Vergessen wir nicht, daß eine Schleuder oder auch ein Bogen anstelle eines Steins oder eines Pfeils ein Messer abschießen kann.

B
WENN DAS MESSER
IHRE WAFFE DER ANKUNFT IST

Sie sind Messer geworden, wenn Sie sich, nach vielen Stürzen, ganz unten auf der Leiter wiederfinden* (siehe Tabelle). Da wird es für Sie vielleicht von Interesse sein, Ihre Waffe des Aufbruchs zu kennen, um das Ausmaß ihres Sturzes abschätzen zu können. Verzagen Sie aber dennoch nicht . . . das Messer ist ein Stehaufmännchen! Lesen Sie ruhig auch alles über den Charakter des Messers, denn dieser Charakter ist der Ihre geworden.

Aber Vorsicht! Ziehen Sie nicht zu rasch den Schluß, daß jemand ein Messer ist. Vielleicht ist er Axt, wie es bei einem Clochard sein kann, der sich selbst etwas beigebracht hat. Vielleicht ist er sogar Schleuder wie die weisen Hindus, die von der Wohltätigkeit ihrer Mitmenschen leben;

---

* Es versteht sich von selbst, daß alle Kinder, die behindert geboren werden, leider ihr Leben lang Messer sein werden, welche Waffe des Aufbruchs sie auch haben mögen. Das ist ein Unglück — doch ihre Waffe des Aufbruchs kann Träume in ihnen erwecken.

oder er ist Bogen, wie es Jesus Christus (dieser ans Kreuz geschlagene Strolch) und Sokrates (dieser geniale Pennbruder) waren.

Wie dem auch sei, wenn Sie ein echtes Messer sind, seien Sie nicht darauf versessen, unter freiem Himmel zu schlafen. Denken Sie an die Heilsarmee! Und ein Bravo dafür, daß Sie Ihre letzten Pfennige geopfert haben, um dieses Buch zu kaufen!

Das Messer und seine Aszendent-Waffen

Aszendent-Waffen können nur das Messer oder der Dolch sein.

1. Waffe der Vorherbestimmung

Sie können nur als *Jungfrau* oder *Widder* geboren sein. Sicher, der Widdercharakter kann Ihnen — so sagt es das traditionelle Horoskop — ein bißchen Willen und etwas Hartnäckigkeit bringen. Doch wozu soll das gut sein? Besser ist es für das Messer, als Jungfrau geboren zu sein — so hat es immerhin die Möglichkeit, neue Wege einzuschlagen, weil seine Waffe der Chancen (Status der Eltern) der Dolch des guten Willens sein könnte, und der tut, was er kann.

2. Waffe der Neigung

Messer oder Dolch können nicht viel ändern. Sie werden auf jeden Fall den Hang dazu haben, sich gehen zu lassen. Sie werden wirklich nicht verwöhnt!

3. Waffe der Chancen

Hoffen wir, daß es der Dolch ist, denn dann ist alles möglich. Der Dolch ermutigt seine Nachkommenschaft und entwickelt Ehrgeiz für sie. Der Dolch träumt vom Langmesser, vom arabischen Dolch, vom Morgenstern und besonders von der Axt für seine Kinder und hilft dem, selbst wenn er es ungeschickt anstellt, kräftig nach.

Wenn Ihre Waffe der Chancen der Dolch ist, können Sie träumen ... Ihre Eltern sind zu preisen!

Die schlechteste Kombination für das Messer ist: 1 + 1 + 1 (Messer als Waffe der Vorherbestimmung + Messer als Waffe der Neigung + Messer als Waffe der Chancen).

Die beste Kombination ist: 1 + 1 + 2 (Messer als Waffe der Vorherbestimmung + Messer als Waffe der Neigung + Dolch als Waffe der Chancen).

Das Messer

▶ Ist seine Waffe der Vorherbestimmung

Das Messer: kein Glück!

Der Dolch: kaum besser.

▶ Ist seine Waffe der Neigung

Das Messer: Obwohl es faul wie ein Siebenschläfer ist, kommt es vor, daß es Funken sprüht.

Der Dolch: Dieses Messer ist durchaus imstande, sich aus einer Laune heraus ganz unerwartet an die Arbeit zu machen.

▶ Ist seine Waffe der Chancen

Das Messer: Es ist nicht vom Glück begünstigt.

Der Dolch: Das Messer wird auch hier einige Fußtritte ins Hinterteil bekommen — aber sie werden ihm nicht wehtun.

2. KAPITEL

DER DOLCH

Obwohl diese Waffe länger und gefährlicher ist als das Messer, kann sie einen Feind doch nur dann treffen, wenn sie geschickt gehandhabt wird.

A

WENN DER DOLCH IHRE WAFFE DES AUFBRUCHS IST

Der Dolch ist rechtschaffen und ehrlich, wenn auch ein wenig ungeschliffen; so gut wie nie aber ist er ehrgeizig. Er träumt davon, beispielsweise ein kleines Geschäft sein eigen zu nennen — ein Traum, den er dank seiner Hartnäckigkeit und weil er Sinn für Sparsamkeit hat, durchaus realisieren könnte. Der Dolch opfert nämlich kühn und wohlgemut seine Gegenwart einer ungewissen Zukunft.

Er ist ein guter Kerl, eifrig und mutig, doch er ist nicht gerade brillant; er ist aber sympathisch, und man kann sich auf ihn verlassen. Seinem Erscheinungsbild zum Trotz ist der Dolch friedliebend und ein wenig ängstlich; er nimmt die Gegebenheiten seines Lebens widerspruchslos hin. Er ist voll von kleinen, alltäglichen Vorzügen, und kleinen, recht lästigen Fehlern. Da er sehr umgänglich ist, hat er zu anderen gute Beziehungen, und weil er großzügig, selbstlos und unbekümmert ist, tauscht er gern sein letztes Hemd gegen ein zahnloses Lächeln.

Obwohl er ein glühender Anhänger ausgetretener Pfade ist (er fühlt sich dort sicher), ist der Dolch unbeständig. Im Konfliktfall kann er gefährlich werden, denn dieser Angsthase verfügt über großen physischen Mut und schätzt niemals die Tragweite seiner Handlungen ab. Er ist nicht intelligent genug, um an ihre Folgen zu denken.

Der Dolch geht mit den Händen geschickter um als mit seinem Verstand; er ist sehr vital und mit einer eisernen Gesundheit sowie mit unerschöpflicher Energie ausgestattet. Äußerst sentimental und, je nach Wunsch, auch romantisch, ist der Dolch sexuell unersättlich, aber nicht kompliziert.

Ohne überheblich zu sein, ist der Dolch von krankhafter Empfindlichkeit. Das läßt sich leicht erklären, wenn man daran denkt, daß er der arme Verwandte der Angriffswaffen und daher extrem verletzlich ist, obwohl er den starken Wunsch in sich fühlt, vorwärtszukommen und die Leiter emporzustürmen.

Die anderen Waffen und der Dolch

Das Messer. Wir haben es schon gesagt: Sie kommen miteinander zurecht und sind sich sympathisch. Aber Vorsicht! Beim kleinsten Fehltritt kann der Dolch sich als Messer wiederfinden: als Pennbruder auf der Müllkippe oder im Gefängnis. Auf jeden Fall ist der Umgang mit dem Messer für den Dolch schädlich. Er sollte ihm aus dem Weg gehen!

Das Langmesser. Es schätzt den Dolch nicht; es mißtraut seiner lärmenden Fröhlichkeit und seiner Lebenslust. Es widerstrebt seinem Gefühl für Rangordnung, den Dolch in seine Kreise aufzunehmen. Es fühlt sich überlegen. Der Dolch läuft sich oftmals die Hacken ab, um Langmesser zu werden.

Der arabische Dolch. Sie haben nichts gemeinsam und mögen sich nicht. Von der Idee, arabischer Dolch werden zu wollen, wird der Dolch noch nicht einmal gestreift. Sie haben keinerlei Seelenverwandtschaft.

Der Morgenstern. Hier gelten dieselben Anmerkungen wie für den arabischen Dolch.

Die Keule. Sie hat eine Schwäche für den Dolch, und beide verstehen es sehr gut, sich des anderen zu bedienen. Sie helfen und ergänzen einander. Der Dolch sollte schon versuchen, Keule zu werden. Dieser soziale Status, den er sehr wohl erreichen kann, würde sein Glück bedeuten. Aber er ist nicht beharrlich genug bei der Sache.

Die Axt. Sie können sich gut leiden. Die Axt beschützt den Dolch, sie verwöhnt ihn. Der Dolch bewundert sie und träumt insgeheim von dieser Stufe für seine Kinder. Er selbst wird diese Sprosse, für die er nicht gemacht ist, nur selten erreichen.

Die Kette. Sie mag den Dolch und hegt ihm gegenüber oft väterliche Gefühle. Sie weiß sich seiner und seiner Qualitäten wunderbar zu bedienen. Der Dolch ist geschmeichelt und läßt sich daher häufig benutzen ... Durch einen besonderen Glücksfall kann er Kette werden. Wird er es aber bleiben können?

Das Schwert. Sie kommen niemals zusammen: Sie haben keinerlei Gemeinsamkeit. Sie können einander nicht ausstehen. Der Dolch soll nur nicht auf die törichte Idee kommen, Schwert werden zu wollen. Diese Sprosse ist ihm untersagt.

Die Lanze. Wie die Kette, so bedient sich auch die Lanze des Dolchs, aber sie ist großzügiger und liebenswürdiger. Sie mag ihn gern und tut auch oft für ihn etwas. Es kommt höchst selten vor, daß ein Dolch Lanze wird, aber es ist nicht völlig unmöglich.

Die Schleuder. Manchmal benutzt die Schleuder den Dolch, um bestimmte Kämpfe zu führen. Leider schiebt sie ihn oftmals ungeschickt in den Vordergrund, wenn sie ihm zu Hilfe kommen will . . . Andererseits ist es eher der Dolch, der Zurückhaltung übt: Er mißtraut der Begeisterung der Schleuder und hat es nicht gern, wenn überlegene Waffen ihn als ebenbürtig behandeln. Er meint, da solle etwas versteckt werden. Er kann Schleuder werden.

Der Bogen. Der Bogen, der noch geschickter ist, kann für den Dolch kämpfen, benutzt ihn aber niemals: Er hat es nicht nötig. Der Dolch kann Bogen werden, aber das ist noch seltener, als Schleuder zu werden. Er ist nicht geschickt und nicht intelligent genug.

B

WENN DER DOLCH IHRE WAFFE DER ANKUNFT IST

Die Tabelle zeigt Ihnen möglicherweise, daß Sie Dolch geworden oder geblieben sind. Da haben Sie ganz sicher zahlreiche Schicksalsschläge hinter sich. Was klappt denn nicht? Welche Erfolgschancen haben Sie am Anfang gehabt?

Noch ist es Zeit, etwas zu tun! . . . Beantragen Sie eine Sozialwohnung, kaufen Sie Vorhänge, verlassen Sie Ihr Barackenviertel! Sie haben noch so viele Möglichkeiten!

Lesen Sie vor allem aufmerksam, was Sie geworden sind, und vergessen Sie dabei nicht, daß beispielsweise eine Putzfrau, die sich heimlich weiterbildet, ein Soldat, der die Dinge zu ergründen versucht, ein ungelernter Arbeiter, der sich mit Malerei oder Dichtkunst beschäftigt oder der aus Idealismus und nicht wegen seines Vorteils für die Gewerkschaft tätig ist, nicht mehr Dolch ist, sondern Axt oder vielleicht sogar Schleuder ... Es gibt im übrigen viele gescheiterte Künstler, die versucht haben, von ihrer Kunst zu leben (Schleuder), und die, da sie aus materiellen Gründen aufgegeben haben, scheinbar Dolch geworden sind. Verlassen Sie sich aber nicht zu sehr darauf. In Wirklichkeit sind jene Axt.

Der Dolch und seine Aszendent-Waffen

Wenn Sie als Dolch geboren sind, müssen Sie ein Interesse daran haben, lieber drei- als nur zweimal die 2 zu haben. Es gibt verschiedene Kombinationsmöglichkeiten: z. B. zweimal die 1 und eine 3; eine 4, eine 2 und eine 1 usw.

1. Waffe der Vorherbestimmung

Opfern Sie diese nicht ... Sie sollten lieber Widder als Jungfrau sein, denn der Widder läßt sich nicht aufhalten. Wünschen Sie sich aber nicht, als Krebs geboren zu sein. Skorpion dagegen wäre ausgezeichnet.

2. Waffe der Neigung

Wenn einige unter Ihnen eine 1 haben, so sollte das ihre Waffe der Neigung sein. Messer oder Dolch — das macht keinen großen Unterschied ... immerhin hat das Messer ab und zu Geistesblitze, der Dolch aber nie. Sollte diese Waffe das Langmesser sein, so verspricht das nichts Gutes: Es sieht viel zu schwarz. Und was den arabischen Dolch betrifft, so seien Sie auf der Hut . . . es stimmt, daß er keine Skrupel kennt, aber er geht so viele Risiken ein!

3. Waffe der Chancen

Es wäre gut, wenn es der Dolch wäre. Das Messer als Waffe der Chancen kommt einer Katastrophe gleich; es wäre nicht nur überhaupt keine Hilfe für Sie — es würde Ihnen auch noch schaden. Auf das Langmesser sollten Sie lieber nicht zu sehr zählen . . . es will nur seine Ruhe. Auch den arabischen Dolch können Sie vergessen, denn er ist zu egoistisch.

Die schlechteste Kombination ist für den Dolch:

3 + 1 + 1 (Langmesser als Waffe der Vorherbestimmung + Messer als Waffe der Neigung + Messer als Waffe der Chancen).

Die beste Kombination:

4 + 1 + 2 (Arabischer Dolch als Waffe der Vorherbestimmung + Messer als Waffe der Neigung + Dolch als Waffe der Chancen).

Der Dolch

▸ Ist seine Waffe der Neigung

Das Messer: Die Brücken von Paris warten schon auf ihn.

Der Dolch: Vor dem Messer ist er sicher, aber Ungelegenheiten wird es zur Genüge geben.

Das Langmesser: der Hauch einer Chance . . .

Der arabische Dolch: Das ist schon besser, aber noch nicht das Eldorado.

▸ Ist seine Waffe der Neigung

Das Messer: Da kann der Dolch Funken sprühen.

Der Dolch: Sein Wille, um nicht zu sagen seine Gutwilligkeit, könnte ihm nützlich sein.

Das Langmesser: Gott bewahre! Dieser Dolch wird die Neigung haben, einzurosten und zu versauern.

Der arabische Dolch: Verlassen Sie sich nicht auf ihn . . . er ist nicht einmal schlau genug, sich nicht erwischen zu lassen.

▸ Ist seine Waffe der Chancen

Das Messer: Das ist für den etwas hochmütigen Dolch bestimmt ein Schlag.

Der Dolch: Mut! Strengen Sie sich tüchtig an und nehmen Sie die Axt oder die Keule aufs Korn.

Das Langmesser: Von seiner Familie sollte der Dolch keine Hilfe erwarten.

Der arabische Dolch: Der Dolch wird mit eigenen Flügeln sehr hoch fliegen — sofern er überhaupt Flügel hat.

3. Kapitel

Das Langmesser

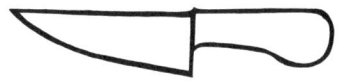

Es ist das Werkzeug des Schlachters und des Fleischers, und deshalb ist diese Waffe ohne jeden Zweifel die Waffe der Spezialisten, derjenigen, die nach einer soliden Ausbildung ein Präzisionshandwerk ausüben. Es ist auch die Waffe der kleinen Kaufleute und der Arbeiter, die Waffe der Handwerker.

A

WENN DAS LANGMESSER IHRE WAFFE DES AUFBRUCHS IST

Als Gefangener seines Standes hat das Langmesser regressive Neigungen. Es ist an Disziplin gewöhnt, konservativ, arbeitsam und schwerfällig; es überlegt lange, bevor es handelt. Unglück erträgt es schlecht, Überraschungen machen ihm Angst, und die geringsten Unannehmlichkeiten stürzen es in Verwirrung. Es will seine Ruhe haben! Es ist fleißig und bereitwillig, aber seine Vernunft schnürt ihm die Luft ab: Es verabscheut die Unordnung, die Phantasie, das Durcheinander und . . . die Maskerade! Es ist ein fürchterlicher Spielverderber, würgt alle Zufälle ab und mordet jede neue Idee.

Das Langmesser möchte beliebt sein und ist imstande, sich dafür sogar in Unkosten zu stürzen. Wenn sich die Gelegenheit ergibt, spielt es manchmal den Hans-Dampf-in-allen-Gassen . . . aber nur, wenn es nicht zu oft vorkommt. In Wahrheit hat das Langmesser nichts gegen das Alleinsein und gegen die Möglichkeit, seine Füße schön warm in seinen Pantoffeln zu haben.

Im Grunde ist es ein Egoist und verschlossen, doch es kennt auch Anfälle von Begeisterung . . . aber selten! Dennoch ist es das Langmesser, das von anderen erträumte und vorbereitete Revolutionen verwirklicht . . . später bereut es das oftmals und schaltet den Rückwärtsgang ein.

Des Sonntags ein Spaziergang auf dem Lande, ein kleines Auto, Fernsehen, bezahlter Urlaub — und schon ist das Langmesser zufrieden. Es hegt Träume von einem Eisschrank und einer vollautomatischen Waschmaschine.

In der Liebe ist es nicht gefühlsbetont und auch nicht romantisch, oft aber treu: Warum sich das Leben schwer machen? Obwohl es etwas für Pornographie übrig hat, ist es, vor allem in der Familie, ziemlich puritanisch. Seine sexuellen Bedürfnisse halten sich in Grenzen.

Die anderen Waffen und das Langmesser

Das Messer. Sie passen überhaupt nicht zusammen. Es kommt so gut wie nie vor, daß man ein Langmesser zum Messer werden sieht.

Der Dolch. Das Langmesser verachtet ihn; der Dolch aber, naiv wie er ist, bewundert das Langmesser. Ein Langmesser wird nur selten Dolch.

Der arabische Dolch. Sie beobachten einander ohne große Sympathie. Ein Langmesser wird nur arabischer Dolch, wenn es ihm nicht geglückt ist, Morgenstern zu werden. Darüber ist es dann verbittert und daher gefährlich . . .

Der Morgenstern. Sie gehen miteinander um wie mit ihresgleichen, aber sind nicht gerade aufeinander versessen. Manchmal wird ein Langmesser Morgenstern.

Die Keule. Sie achten einander, finden sich aber nicht anziehend. Das Langmesser will nicht gern Keule werden. Es liebt das Land nicht sehr, auch wenn es das manchmal behauptet . . . Es zieht das Gedränge und den Lärm vor.

Die Axt. Sie mögen sich sehr. Das ist der soziale Aufstieg, von dem das Langmesser am liebsten träumt, und es tut recht daran.

Die Kette. Sie kennen sich nur wenig, hegen aber oft Sympathie füreinander. Das Langmesser kann Kette werden.

Das Schwert. Für das Schwert gehört das Langmesser zu einer anderen Welt. Es ist besser, wenn es nicht davon träumt, Schwert zu werden. Ganz und gar unmöglich ist es aber nicht.

Die Lanze. Sie schätzen einander durchaus, aber die Lanze hält Abstand. Mit der nötigen Hartnäckigkeit kann ein Langmesser sehr wohl Lanze werden — aber das Langmesser ist selten hartnäckig . . .

Die Schleuder. Sie mag die konservative Seite des Langmessers nicht besonders und mißtraut ihm, weil es ihm an Phantasie mangelt. Das Langmesser hat meist nicht die notwendigen Anlagen, um Schleuder zu werden.

Der Bogen. Da gilt dasselbe wie für die Schleuder. Der Bogen streckt dem Langmesser nur selten hilfreich die Hand entgegen. Und es ist ja wahr, daß das Langmesser nicht von großen Dingen träumt.

B

WENN DAS LANGMESSER IHRE WAFFE DER ANKUNFT IST

Langmesser geblieben oder geworden zu sein — das ist durchaus eine ehrenwerte Position! Das Langmesser fühlt sich als Langmesser wohl, und das erklärt seinen dritten Platz unter den kurzen Waffen, obwohl es eigentlich Anspruch darauf hätte, an besserer Stelle zu stehen. Aber sein geringer Ehrgeiz und der kleine Raum, den es seinen Träumen läßt, halten es zurück. Seine Unbeweglichkeit und seine Selbstzufriedenheit muß es teuer bezahlen.

Hüten Sie sich davor, jemanden als Langmesser einzustufen. Eine Friseuse beispielsweise ist natürlich Langmesser, wenn sie sich damit zufriedengibt, ihre Arbeit zu machen, selbst wenn sie sehr geschickt dabei ist. Sie kann aber auch Axt sein, wenn sie gute Ideen hat. (Manche Friseure sind durch ihr »Händchen« sogar Kette geworden, andere Lanze; und weshalb nicht Schleuder? . . .) Dasselbe gilt für Schneiderinnen, Schneider, Köchinnen, Köche etc. Ein winziges Fünkchen Inspiration läßt sie ganze Stufen überspringen. Lesen Sie auch das Kapitel, das sich mit den Eigenschaften des Langmessers beschäftigt.

Das Langmesser und seine Aszendent-Waffen

Alle Kombinationen von 1 bis 7 sind möglich. Das ist leicht einzusehen, denn es gibt nur wenige Menschen, die einander völlig gleich sind. Das ist noch ein Merkmal, das den Wert dieses Horoskops ausmacht.

1. Waffe der Vorherbestimmung

Wenn Sie als Fisch geboren sind, so würde Ihnen das als Waffe der Vorherbestimmung eine 7 geben. Es wäre aber besser, sich diese 7 aufzusparen. Wir hoffen also, daß Sie Widder oder, schlimmstenfalls, Skorpion sind.

2. Waffe der Neigung

Wenn Sie als Langmesser geboren sind, wäre es zu wünschen, Sie hätten Neigungen, die Sie ein wenig in Schwung brächten: den arabischen Dolch, die Axt . . . den Dolch, vielleicht sogar das Messer, warum nicht? Es wäre aber katastrophal, wenn Sie die Neigungen des Langmessers hätten, und auch von der Keule müssen wir Ihnen abraten.

3. Waffe der Chancen

Wir wollen hoffen, daß Ihre Waffe der Chancen die Axt ist, denn auf die können Sie zählen. Auf jeden Fall und für jedermann ist das die beste Waffe der Chancen, die Lanze natürlich auch und der Bogen; aber die beiden letzteren gehören nicht zu den Aszendent-Waffen des Langmessers. Anstelle der Axt tut es auch der arabische Dolch . . . jedoch mit Vorsicht, denn sie verstehen sich nicht gut. Diese Waffe der Chancen kann ihm indessen eine gewisse Risikofreudigkeit geben.

Für das Langmesser ist die schlechteste Kombination:
3 + 3 + 3 (Langmesser als Waffe der Vorherbestimmung + Langmesser als Waffe der Neigung + Langmesser als Waffe der Chancen).
Die beste Kombination ist:
2 + 1 + 7 (Dolch als Waffe der Vorherbestimmung + Messer als Waffe der Neigung + Axt als Waffe der Chancen).

Das Langmesser

▶ Ist seine Waffe der Vorherbestimmung

Das Messer: Wird das Langmesser das bißchen Phantasie ertragen, das sich nun in sein Leben einschleicht?

Der Dolch: Von einer Enttäuschung zur nächsten!

Das Langmesser: Ein Leben ohne besondere Ereignisse, wenn die Neigungen des Langmessers nicht alles verändern. Es wird auf jeden Fall mit seinem Los zufrieden sein.

Der arabische Dolch: Das Langmesser würde viel für ein Paar Pantoffeln geben . . . das Leben wird für seinen Geschmack zu kompliziert.

Der Morgenstern: ein ruhiges, sicheres Leben ohne jede Spannung.

Die Keule: Die Kühe sehen den Zug vorüberfahren, aber sie steigen nicht ein.

Die Axt: Das Langmesser wird seine Träume nicht verwirklichen können.

▶ Ist seine Waffe der Neigung

Das Messer: Ein phantasiebegabtes Langmesser ist nicht bekannt. Möge diese Verbindung ihm nützen!

Der Dolch: Wenn ihm Unheil droht, kann das Langmesser zurückschlagen.

Das Langmesser: Der tiefe Schlaf des über alles triumphierenden Langmessers!

Der arabische Dolch: ein spitzfindiges Langmesser! Man kann sich auf alles gefaßt machen; auf fast alles . . .

46

Der Morgenstern: Dieses Fünkchen Ehrgeiz kann einem Langmesser nichts anhaben.

Die Keule: Das Langmesser wird ruhigen Gewissens auf seinen Lorbeeren ausruhen (falls Lorbeeren vorhanden sind), aber auch dieses Langmesser wird seine Träume niemals verwirklichen.

Die Axt: Das Langmesser kann seine ausgetretenen Pfade verlassen.

▶ Ist seine Waffe der Chancen

Das Messer: Da es auf seine Herkunft nicht stolz ist, wird das Langmesser alles tun, um sie zu vergessen.

Der Dolch: Das Langmesser wird für seine Eltern kaum die gleiche Bewunderung aufbringen, die sie ihm entgegenbringen; es wird schnell auf Distanz gehen. Trotzdem werden seine Eltern ihm ganz und gar ergeben sein.

Das Langmesser: Alle werden zufrieden sein und sich beglückwünschen.

Der arabische Dolch: Das Langmesser wäre gut beraten, von Zeit zu Zeit auf die Stimme der Phantasie zu hören.

Der Morgenstern: Ganz durchdrungen von seiner Überlegenheit, wird das Langmesser die Hilfe seiner Eltern zurückweisen.

Die Keule: Warum, zum Teufel, mag das Langmesser das Landleben nicht? Seine Eltern fragen sich das und begreifen es nicht.

Die Axt: Hervorragend! Das Langmesser kann, wenn es angestachelt wird, sogar Ehrgeiz entwickeln. Es kann als Axt oder Lanze enden.

4. Kapitel

Der arabische Dolch

Diesen Dolch hält man in der flachen Hand; er ist an Lederriemen befestigt und dringt senkrecht ins Ziel ein. Normalerweise ist er lang und spitz: eine gefährliche Waffe für den, der sich ihrer zu bedienen weiß.

A

WENN DER ARABISCHE DOLCH IHRE WAFFE DES AUFBRUCHS IST

Dies ist das raffinierteste, aufregendste, fesselndste und widersprüchlichste der Zeichen. Der arabische Dolch ist aggressiv und jähzornig, ein wenig sadistisch auch, und kann sich nur mit Mühe beherrschen. Das ist schade. Er kann gewalttätig werden und ist stets gefährlich.

Wenn man ihm nicht hilft, nicht ein wachsames Auge auf ihn hat und ihn nicht lenkt, kann der arabische Dolch Zerstörung und Tod bringen. Unter gutem Einfluß aber können seine Abenteuerlust und seine Risikobereitschaft ihn ganz nach oben tragen.

Der arabische Dolch ist hochmütig, kompliziert, mystisch und geheimnisvoll. Er ist zu allem fähig, kennt keine Skrupel, ist unberechenbar und ohne Moral. Er kann Sie verraten, und es ist ihm kaum bewußt. Ein Galgenvogel ist er, ein Ränkeschmied und eine Lästerzunge; er liebt es, Zwietracht zu säen. Sein Verstand arbeitet zwar langsam und routinemäßig, aber dafür verfügt er über Beobachtungsgabe und unerschütterliche Geduld.

Der arabische Dolch ist nur deshalb die günstigste der kurzen Waffen, weil die bestehende Ordnung ihn braucht und daher schont. Er unterstützt die Ordnung aus Bequemlichkeit; aber sie sollte ihm besser mißtrauen, denn unser Abenteurer folgt nur allzu bereitwillig seinen Eingebungen.

Da er gleichzeitig romantisch und sadistisch ist, steckt sein sexuelles Verhalten voller Überraschungen. Er hat ungezählte Abenteuer, denn was er liebt, ist die Eroberung. Diesen Drang darf er nicht unterdrücken, sonst verliert er sein Gleichgewicht ... und das schwankt auch so schon bedenklich! Er kann durch die Liebe auch gerettet werden, denn im Grunde ist er ein echter Gefühlsmensch.

Die anderen Waffen und der arabische Dolch

Das Messer. Der arabische Dolch richtet es zugrunde, obwohl er gar nicht selten auf diese Stufe zurückfällt. Seine Lage ist wirklich ungemütlich: Er braucht nur eine Sprosse zu verfehlen, und schon findet er sich im Gefängnis wieder.

Der Dolch. Keinerlei Sympathie. Ein arabischer Dolch wird nicht zum Dolch.

Das Langmesser. Sie verabscheuen sich ganz offen. Selbst mit viel, viel Mühe kann ein arabischer Dolch nicht Langmesser werden (das heißt, zu ihm »absteigen«). Er würde es nicht hinbekommen. Nur seine Lust am Risiko stuft ihn in der Hierarchie dieses Horoskops weiter oben ein — und das ist auch gerecht.

Der Morgenstern. Obwohl sehr verschieden, sind sie doch oft Komplizen. Sie benutzen einander, und jeder profitiert von der Schwäche des anderen. Für den arabischen Dolch ist es ein leichtes, Morgenstern zu werden, aber sein unbedachtes Handeln könnte ihm einen Streich spielen.

Die Keule. Sie schenken einander nichts. Sie können miteinander auskommen, doch sie fügen sich Schaden zu. Der arabische Dolch kann nur mit Schwierigkeiten Keule werden; es fehlt ihm dafür an Innenleben.

Die Axt. Sie mögen sich nicht. Die Axt ist aufrichtig und rechtschaffen. Ein reumütiger arabischer Dolch kann jedoch Axt werden.

Die Kette. Manchmal arbeiten sie zusammen, aber die Kette hält sich zurück. Der arabische Dolch, der kaum Skrupel kennt, Karriere machen will und zu allem bereit ist, kann Kette werden . . . wenn er sich nicht erwischen läßt und zum Messer »hinunterfällt«.

Das Schwert. Zwischen ihnen gibt es keine Verständigung. Sie bekämpfen sich verbissen, und es ist das Schwert, das Sieger bleibt . . . Der arabische Dolch sollte nicht zu sehr davon träumen, Schwert zu werden. Sicher, Überraschungen in der Politik können ihn bis in Regierungsstellen bringen, aber der arabische Dolch wird nur ein unechtes Schwert sein und sich mehr um Geld (Kette) und um Intrigen kümmern als um die Regierung.

Die Lanze. Die Lanze findet den arabischen Dolch vulgär, aber er amüsiert sie. Lanze zu werden, ist für ihn mit schier unüberwindlichen Schwierigkeiten verbunden.

Die Schleuder. Obwohl seine Abenteuerlust, seine Risikobereitschaft und das Geheimnisvolle, das ihn umgibt, die Schleuder faszinieren, mag sie ihn doch nicht sehr. Und er ist nicht anständig und nicht uneigennützig genug, um Schleuder zu werden.

Der Bogen. Er interessiert sich für den arabischen Dolch und seine Abenteuerlust. Er versucht, ihn im guten Sinne zu beeinflussen. Ein arabischer Dolch kann Bogen werden, wenn er seine Unredlichkeit aufgibt.

B

WENN DER ARABISCHE DOLCH IHRE WAFFE DER ANKUNFT IST

Wir hoffen, daß Sie vorwärts- und nicht rückwärtsgegangen sind. Obwohl diese Waffe mehr Erfolgsaussichten als die anderen kurzen Waffen hat, enthüllt es schon recht beunruhigende Charakterzüge, wenn man zu ihr abgestürzt ist. Wenn man zu ihr aufgestiegen ist, zeigt das natürlich dieselben Eigenschaften, aber unter dem Blickwinkel von Einfallsreichtum und interessanten Aspekten gegenüber den anderen kurzen Waffen. Lesen Sie nach, was Sie geworden sind, aber geben Sie acht, daß Sie nicht einen arabischen Dolch mit einer Axt verwechseln, was für eine Mini-Axt sie auch sein mag . . . Wie dem auch sei, Ihr Charakter ist jedenfalls der eines geborenen arabischen Dolchs geworden.

Der arabische Dolch und seine Aszendent-Waffen

Alle Kombinationen von 1 bis 11 sind möglich. Man kann

sehr wohl von Eltern stammen, die Schleuder sind, und unter dem Zeichen der Jungfrau mit den Neigungen des Messers geboren sein . . . Diese Kombination erscheint jedoch nicht wünschenswert.

1. Waffe der Vorherbestimmung

Sie können natürlich unter dem Zeichen des Wassermanns geboren sein . . . aber welche Abstriche müßten dann bei Ihren Waffen der Chancen und der Neigung gemacht werden! Das wünschen wir Ihnen nicht. Da diese Vorherbestimmung allerdings zu verändern ist, wäre es vielleicht vorzuziehen, wenn Sie, beispielsweise, zum Dolch prädestiniert wären, denn der Widder-Charakter bringt ihn dazu, kühn draufloszugehen.

2. Waffe der Neigung

Wir wollen hoffen, daß Sie als Waffe der Neigung nicht die Schleuder haben. Diese 11 würde Ihnen nicht viel bringen. Die Lanze, die Kette, die Axt — das wäre gut — und sogar der arabische Dolch. Wünschen Sie sich nicht die Neigung zum Schwert, sie wäre nicht zufriedenstellend.

3. Waffe der Chancen

Wenn Sie doch die Axt haben könnten! Mit solchen Eltern wäre alles möglich . . . und auch mit der Lanze! Doch dann müßten Sie von der Vorherbestimmung Messer sein, das Messer als Waffe der Neigung haben, und das hieße, für diesen Aufstieg sehr teuer zu bezahlen. Zu teuer!

Die schlechteste Kombination für den arabischen Dolch ist:

2 + 6 + 3 (Dolch als Waffe der Vorherbestimmung + Keule als Waffe der Neigung + Langmesser als Waffe der Chancen).

Die beste Kombination ist:

4 + 2 + 7 (arabischer Dolch als Waffe der Vorherbestimmung + Dolch als Waffe der Neigung + Axt als Waffe der Chancen).

Der arabische Dolch

▸ Ist seine Waffe der Vorherbestimmung

Das Messer: Das tut weh!

Der Dolch: Warum nicht . . . der arabische Dolch behält seine Punkte für seine anderen Aszendent-Waffen, und das ist richtig.

Das Langmesser: Wie der arabische Dolch sich langweilen wird! Das Leben wird keine Überraschungen für ihn bereithalten, und er liebt die Überraschungen doch so!

Der arabische Dolch: Sein Leben wird aufregend sein. Er wird sich darin wohlfühlen wie ein Fisch im Wasser, denn er kann gut schwimmen.

Der Morgenstern: Hier ist er vor spektakulären Stürzen sicher.

Die Keule: Der arabische Dolch wird über die Stränge schlagen.

Die Axt: Na fein! Die Axt kann ihm nur von Nutzen sein.

Die Kette: Der arabische Dolch kann als Milliardär enden. Er kann sein Leben aber auch im Gefängnis beschließen, wenn seine Waffe der Neigung das Messer ist.

Das Schwert: Der arabische Dolch kann davon, wenn auch auf Kosten der anderen Waffen, sehr gut profitieren.

Die Lanze: Diese Vorherbestimmung schwächt seine anderen Aszendent-Waffen ab; das wird nützlich sein.

Die Schleuder: O weh! Der arabische Dolch wird zwangsläufig zwei Messer als Aszendent-Waffen haben; das Opfer ist zu groß.

▸ Ist seine Waffe der Neigung

Das Messer: Davon ist nichts Gutes zu erwarten. Das ist ein Galgenstrick.

Der Dolch: Eine gute Waffe der Neigung für einen arabischen Dolch, die für Ausgewogenheit sorgt.

Das Langmesser: Der arabische Dolch wird sein Leben lang ein schlechtes Gewissen haben.

Der arabische Dolch: Das ist sicher kein Engel, aber er kann Erfolg haben.

Der Morgenstern: Der arabische Dolch wird störrischer und hartnäckiger sein, als er von Natur aus ist, aber auch in gewisser Weise redlich.

Die Keule: Keine Turbulenzen!

Die Axt: Alles ist gut ausbalanciert. Ausgezeichnet!

Die Kette: Vitriol! Der arabische Dolch wird zu allem bereit sein, um Erfolg zu haben.

Das Schwert: Es hat zu viele Skrupel; der arabische Dolch wird Probleme bekommen.

Die Lanze: Das ist eine wunderbare Neigung . . . aber unglücklicherweise befindet sie sich in der schlechten Gesellschaft der beiden anderen Waffen.

Die Schleuder: Fast schon idealistisch und meist aufrichtig, muß der arabische Dolch doch aufgrund seiner beiden anderen Waffen verlieren.

▸ Ist seine Waffe der Chancen

Das Messer: Der arabische Dolch wird es schwer haben, diesen schlimmen Weg zu verlassen.

Der Dolch: Der arabische Dolch wird seine Eltern nur selten sehen. Ein Gespräch zwischen Taubstummen.

Das Langmesser: Dadurch, daß seine Eltern ihn wie einen »Strolch« behandeln, machen sie ihn dazu.

Der arabische Dolch: Jeder wird in seinem Elfenbeinturm bleiben.

Der Morgenstern: Seine Eltern werden dem arabischen Dolch von Nutzen sein . . . aber sie werden nicht viel begreifen.

Die Keule: Gern würden seine Eltern ihn zurückhalten . . . sie nerven ihn mit langen Tiraden. Das bringt nichts!

Die Axt: Der arabische Dolch sollte auch gegen den Einfluß seiner Eltern seine Geldgier in Grenzen halten . . . er könnte sonst als Messer enden.

Die Kette: Seine Eltern können für ihn von Nutzen sein. Sie verstehen sich gut.

Das Schwert: Der arabische Dolch wird seinen Eltern aus Prinzip widersprechen . . . sie werden ihm dafür aus Prinzip die Haare schneiden lassen.

Die Lanze: Der arabische Dolch kann auf die Intelligenz und die Beziehungen seiner Eltern zählen; er wird dazu neigen, sie zu mißbrauchen.

Die Schleuder: Ein Hornissennest, das ständig gegen die bestehende Ordnung revoltiert. Und dazu noch zwei Messer: eine Katastrophe.

Allgemeines

Diese Waffen haben eine größere Reichweite als die vorhergehenden. Sie verlangen auch weniger Geschicklichkeit, und wie es scheint, kann jeder sie benutzen. Es sind Verteidigungswaffen, von denen zumindest die drei letzteren etwas Improvisiertes an sich haben.

Diese Waffen öffnen allen Möglichkeiten die Tür: Sie sind Rutschbahnen oder Sprungbretter — je nachdem.

Die mittleren Waffen sind normalerweise vernünftig, überlegt und wirkungsvoll. Sie gehen mit sicherem Schritt durchs Leben und sind entschlossen, alles, was sie beginnen, erfolgreich abzuschließen; Abenteuern neigen sie nur wenig zu. Oft sind sie ehrgeizig und einsatzfreudig, wägen dabei aber die Risiken ab, bevor sie eine Entscheidung fällen. Natürlich würden sie gern einige Stufen hinaufklettern, aber andererseits ist ihre Ruhe ihnen sehr wichtig. Sie verkörpern Ausgewogenheit, Vernunft, Gleichmut und Beständigkeit. Zu Beginn sind sie nicht sehr aufregend; sie können es aber werden, denn sie tragen als Anlagen tausend Möglichkeiten in sich, die nur zur Entfaltung gebracht werden wollen. Sie würden gern Zeit zum Lesen und zum Reisen haben und ihr Leben zwischen zwei Polen aufteilen: ihrem Beruf und ihrer Familie . . . Aber jeder dieser Pole birgt dadurch, daß er versucht, mehr Gewicht zu bekommen, die Gefahr in sich, daß sie unwiderruflich auf ihrem Platz bei den mittleren Waffen bleiben und sie somit daran hindert, weiter nach oben zu steigen.

Sie sollten nur nicht versuchen, Schwert zu werden. Sie würden nicht wissen, wie man ein Schwert benutzt — sie müßten zu lange lernen. Eher sollten sie die Lanze anvisieren, aber vergessen wir nicht, daß sie die Hauptkandidaten für Schleuder und Bogen sind.

Ihre Zwischenposition ist gefährlich. Sie müssen auf der Hut sein. Die vier kurzen Waffen, die — außer dem Langmesser — viel angriffslustiger sind, warten schon an der nächsten Ecke auf sie.

1. KAPITEL

DER MORGENSTERN

Im Mittelalter griff man zu dieser Waffe, wenn man beim Duell seinen Bogen, seine Lanze oder sein Schwert im Kampf verloren hatte. (Das Duell symbolisierte den Lebenskampf, in dem man auch seine letzten Waffen, die meuchlerischsten, die unzweckmäßigsten, mit einem Wort: die ganz kurzen, einsetzen muß.)

A

WENN DER MORGENSTERN IHRE WAFFE DES AUFBRUCHS IST

Der Morgenstern ist in gewisser Weise und in übertragenem Sinne eine höhere Stufe des arabischen Dolchs. Und wenn es ihm auch nicht an Willen fehlt, so hat er doch leider keinen Funken Phantasie!

Er ist der personifizierte Widerspruch. Er befiehlt gern, weiß aber auch zu gehorchen (manchmal ist er dabei sogar ganz unterwürfig). In seinen Handlungen durchaus konservativ, ist er in seinen Reden und Träumen ein Aufrührer. Er ist ein Gewohnheitsmensch und gleichzeitig unbeständig, hart und schwach, eigensinnig und friedliebend, unordentlich und pedantisch, launenhaft und beständig, freimütig, aber auch hinterlistig (wenn es sein muß) — und so hält der Morgenstern seine Umgebung, die nicht weiß, woran sie ist, ständig in Unruhe.

Wenn er den Eindruck macht, als habe er vor nichts Angst, so trauen Sie diesem Anschein nicht: Er ist eher unbedacht als waghalsig und manchmal sogar ein bißchen feige. Er wirkt wie ein Herr, weiß aber den Rücken krumm zu machen, wenn es erforderlich ist.

Er ist immer redlich, aber nicht sehr intelligent, zudem autoritär und starrköpfig. Die Ereignisse müssen ihm unbedingt recht geben, selbst auf die Gefahr hin, daß er sie korrigieren müßte, damit sie in sein Konzept passen. Der Morgenstern rechtfertigt in der Tat stets das, was er tut, und sagt deshalb (und glaubt es auch), daß es für die »gerechte Sache« ist — und die hat einen breiten Rücken. Er zögert nicht, dafür schlagende Beweise anzuführen. Es kommt sogar vor, daß er seine Autorität mißbraucht; zum Ausgleich aber übernimmt er gern Verantwortung — er zieht sie an wie Honig die Fliegen.

Gefühlvoll wie er ist, legt sich der Morgenstern schöne Liebesgeschichten zurecht und glaubt auch selbst daran. Er ist leidenschaftlich, ehrlich und blind und kann eine Familie glücklich machen, wenn er nicht von Ehrgeiz zerfressen wird. Er hat nämlich alle Vorzüge und alle Fehler, die für den Erfolg erforderlich sind.

Die anderen Waffen und der Morgenstern

Das Messer. Sie haben keine Gemeinsamkeiten. Aber der Morgenstern bringt das Messer in Gefahr. Ein Morgenstern wird nur selten Messer.

Der Dolch. Keinerlei Sympathie. Ein Morgenstern wird auch nicht Dolch.

Das Langmesser. Jeder beharrt auf seiner Position. Das Langmesser wird keinen Streit suchen. Ein Morgenstern kann zum Langmesser »absteigen«.

Der arabische Dolch. Sie scheinen Komplizen zu sein . . . aber sie mögen sich nicht. Ein Morgenstern, der zum arabischen Dolch wird, fühlt sich in dieser Stellung, in der er gehorchen muß (und er mag auch nicht so tun, als würde er gehorchen), gar nicht wohl und kommt sich erniedrigt vor. Und das wird auch so sein.

Die Keule. Sie sind keine »dicken Freunde«, aber wenn sie es miteinander aushalten, können sie sich sogar liebgewinnen. Ein Morgenstern möchte niemals Keule werden.

Die Axt. Sie haben sich nicht viel zu sagen. Der Morgenstern hat keine Lust, Axt zu werden. Er fühlt sich der Axt, entgegen der Rangordnung der Zeichen, überlegen.

Die Kette. Die Kette ist zurückhaltend, aber der Morgenstern kann sie gut leiden. Und wenn er beschließt, Kette zu werden, wird nichts ihn aufhalten.

Das Schwert. Das Schwert ist ihm dankbar, wenn er seine Befehle ausführt. Dennoch hält es ihn auf Distanz. Der Morgenstern bewundert das Schwert und träumt davon, eines zu werden. Er ist eine der wenigen Waffen, denen das ohne große Schwierigkeiten gelingen kann, aber er wird immer nur ein etwas zu kurz geratenes, unbeholfenes Unter-Schwert sein.

Die Lanze. Die Lanze mag den Morgenstern nicht. Der Morgenstern langweilt sich mit der Lanze. Lanze zu werden, reizt ihn kaum . . . Er zieht die Tat dem Studium vor.

Die Schleuder. Das ist nicht ideal. Sein Wille, seine Autorität und sein Ehrgeiz sind dem Morgenstern keinerlei Hilfe, wenn er Schleuder werden will. Doch nichts hindert ihn daran, die dafür notwendigen Anlagen zu entwickeln.

Der Bogen. Es gilt das gleiche wie für die Schleuder.

B

WENN DER MORGENSTERN IHRE WAFFE DER ANKUNFT IST

Wenn Ihr Beruf Sie als Morgenstern ausweist, wollen wir hoffen, daß Sie im Aufstieg dorthin gekommen sind. Das Gegenteil wäre traurig, denn diejenigen, die im Abstieg Morgenstern wurden, sind im allgemeinen über ihre Niederlage verbittert und können gefährlich werden. Lesen Sie aufmerksam alles, was diese Waffe betrifft, um Ihren Fortschritt, Ihren Rückschritt oder aber auf jeden Fall die Unterschiede in Ihrem Charakter beim Aufbruch und bei der Ankunft abschätzen zu können.

Mißtrauen Sie aber auch hier dem Anschein . . . Ein sehr gebildeter oder sehr idealistischer Oberst kann eine Axt sein, ohne es selbst zu wissen . . . Und ein Stabsarzt (zum Beispiel) ist — je nach Begabung, die nicht unbedingt mit den Diplomen übereinstimmen muß — Axt oder sogar Lanze.

Der Morgenstern und seine Aszendent-Waffen

Alle Kombinationen von 1 bis 12. Der Morgenstern kann sogar Eltern haben, die Bogen sind . . . Aber das ginge zu sehr auf Kosten seiner anderen Aszendent-Waffen.

1. Waffe der Vorherbestimmung

Man kann ruhig eine hochrangige wählen . . . aber doch nicht zu hoch, damit man bei den Waffen der Neigung und der Chancen keine Abstriche machen muß. Wenn man die Charakterzüge berücksichtigt, die den verschiedenen Tierkreiszeichen zugeordnet werden, dann wäre es für den Morgenstern gut, als Stier oder als Fisch geboren zu sein. Diese beiden Waffen der Vorherbestimmung mildern seine unduldsame, starrköpfige und autoritäre Seite.

2. Waffe der Neigung

Das ist schwierig! Man kann natürlich weiterhin versuchen, ihn weich zu klopfen, unseren Morgenstern . . . Und da eine Aszendent-Waffe geopfert werden muß, warum nicht diese? Vielleicht das Langmesser? Oder der Dolch? Auf keinen Fall aber der arabische Dolch!

3. Waffe der Chancen

Wir wissen, daß die beiden besten Waffen Axt und Lanze sind. Aber auch das Schwert paßt wunderbar zum Morgenstern. Die Lanze ist hervorragend, aber sie kostet zu große Opfer, denn sie zwingt dazu, Vorherbestimmung und Neigung unter den kurzen Waffen zu wählen. Also die Axt . . . oder sogar die Keule, die ein guter Aszendent der Chancen für den Morgenstern ist.

Die ungünstigste Kombination für den Morgenstern ist: 5 + 5 + 4 (Morgenstern als Waffe der Vorherbestimmung + Morgenstern als Waffe der Neigung + arabischer Dolch als Waffe der Chancen).

Die beste Kombination ist: 7 + 2 + 7 (Axt als Waffe der Vorherbestimmung + Dolch als Waffe der Neigung + Axt als Waffe der Chancen).

Der Morgenstern

▶ Ist seine Waffe der Vorherbestimmung

Das Messer: Das Schicksal wird gegen den Ehrgeiz des Morgensterns ankämpfen.

Der Dolch: Enttäuschungen stehen bevor.

Das Langmesser: Das ist nicht zum Lachen, aber der Morgenstern wird sich schon zu helfen wissen.

Der arabische Dolch: Jetzt gilt's! Wie muß er sich plagen, um sich aus dieser Lage zu befreien.

Der Morgenstern: Status quo.

Die Keule: Die Chancen sind ausgewogen.

Die Axt: Alles läuft wie geschmiert. Der Ehrgeiz wird befriedigt.

Die Kette: Hier lacht dem Morgenstern das Glück.

Das Schwert: Der Morgenstern kann hoch zielen, wenn die anderen Aszendent-Waffen nicht zu schlecht sind.

Die Lanze: Schade! Die anderen Waffen werden nicht gut genug sein.

Die Schleuder: Es ist wie bei der Lanze — die anderen Waffen sind dann zu minderwertig.

Der Bogen: Ein wunderbarer Weg breitet sich vor unserem Ehrgeizling aus, aber seine anderen Aszendent-Waffen lassen ihn in die Irre gehen . . . es sei denn, daß er mit edlen Waffen Umgang hat.

▶ Ist seine Waffe der Neigung

Das Messer: Dieser Morgenstern kann Verderben bringen.

Der Dolch: Dieses Fünkchen Lebensfreude kann dem Morgenstern nicht schaden.

Das Langmesser: Warum nicht? So wird der Morgenstern nicht von Ehrgeiz zerfressen.

Der arabische Dolch: Der Widerstreit mit seinen Prinzipien beunruhigt den Morgenstern.

Der Morgenstern: Hier kann man keine Toleranz und keine Nachsicht erwarten. Dieser Morgenstern kann sogar als Faschist enden.

Die Keule: Der Morgenstern wird keine Funken sprühen und hat auch gar keine Lust dazu.

Die Axt: Dieses bißchen Duldsamkeit wird der Morgenstern bitter nötig haben.

Die Kette: Der Morgenstern wird danach streben, Reichtümer zu erwerben, und dieser Hang macht ihn gefügig.

Das Schwert: Dieser Morgenstern wird von Ehrgeiz zerfressen, aber die beiden anderen Aszendent-Waffen nehmen ihm den Mut.

Die Lanze: Seine Intelligenz macht den Morgenstern zu einem Menschen, mit dem man verkehren kann. Aber welche Abstriche müssen bei den anderen Waffen in Kauf genommen werden!

Die Schleuder: Es gibt zu viele Widersprüchlichkeiten. Dabei ist nichts zu holen.

Der Bogen: Wie schade, daß der Morgenstern zwei so minderwertige Waffen mitschleppt!

▶ Ist seine Waffe der Chancen

Das Messer: Das ist kein Zuckerschlecken!

Der Dolch: Seine Eltern unterstützen den Morgenstern . . . aber das könnte ein Bärendienst sein.

Das Langmesser: Die Hilfe ist begrenzt; der Morgenstern soll gebremst werden.

Der arabische Dolch: Das wird dem Morgenstern das Leben schwer machen.

Der Morgenstern: Die Eltern denken eher an ihren eigenen Erfolg als an den ihres Sprößlings.

Die Keule: Der Ehrgeiz des Morgensterns wird dadurch gehemmt, daß man ihm warmherzig zu Hilfe kommt.

Die Axt: Der Morgenstern könnte mit Hilfe seiner Eltern weit vorankommen.

Die Kette: Das wäre ein Gewinn . . . wenn der Morgenstern im Familienunternehmen bliebe! Er hat aber einen zu schlechten Charakter.

Das Schwert: Der Morgenstern könnte zum Schwert werden.

Die Lanze: Wie wunderbar wäre das, wenn es die anderen Aszendent-Waffen nicht gäbe.

Die Schleuder: Das ist nicht sehr gut . . . und die beiden minderwertigen Waffen können sich damit nicht arrangieren.

Der Bogen: Der Morgenstern wird Mühe haben, sich einen Namen zu machen — die anderen Waffen sind so schlecht . . .

2. KAPITEL

DIE KEULE

Sie ist eine improvisierte, aber wirksame Waffe. Jeder kann sich aus einem dicken Ast, Schuhnägeln und einem Lederriemen mit Hilfe eines Messers eine Keule anfertigen. Sie ist die friedfertige Verteidigungswaffe *par excellence*, doch sie hat eine große Reichweite und kann sehr gefährlich sein. Trauen Sie ihrem gutmütigen Aussehen nicht!

A

WENN DIE KEULE IHRE WAFFE DES AUFBRUCHS IST

Die Keule ist ruhig und friedlich und scheint keine Probleme zu kennen. Sie ist ein ganz einfaches Mädchen. Man kann auf sie zählen, auf dieses lebende Abbild der Tüchtigkeit und Beständigkeit, wenn sie auch manchmal ein wenig knauserig ist. Wenn sie den Eindruck von Unbeholfenheit macht, so fallen Sie nicht darauf herein. Sie ist weder schwerfällig noch materialistisch — sie träumt nur . . . Sie ist ein kontemplativer Mensch, mit ein bißchen Poesie begabt und durch und durch natürlich.

Die Keule liebt das Land, Kinder, Blumen und Vögel. Sie verabscheut Komplikationen und Streit. Da sie zwar immer bereit ist zu helfen, aber nicht fähig, etwas mit Ausdauer zu betreiben, läuft sie Gefahr, ihr Leben lang in ihrem Stand zu bleiben. Sie hat auch gar keine große Lust, ihn zu verlassen — und das ist es, was sie ins Verderben stürzt. Sie braucht immer doppelt soviel Zeit wie die anderen, um Erfolg zu haben. Wenn sie aber beschließt, schnell zu sein, kann sie sehr hoch »aufsteigen«: Dann stehen ihr alle Türen offen.

Da die Keule äußerst gefühlvoll und sinnlich ist, braucht sie Zärtlichkeit und Zuneigung. Die Liebe nimmt einen bedeutenden Platz in ihrem Leben ein. Sie muß lieben und geliebt werden, und manchmal stellt sie alles in Frage und läßt alles andere fallen, um dieses Ziel zu erreichen. Was auch geschehen mag — sie bereut nichts. Die Lebensanschauung der Keule, die an sich sehr begabt ist, läßt sie eher dem Glück als dem Ehrgeiz zuneigen. Und so riskiert sie, ihr ganzes Leben lang eine zufriedene Keule zu bleiben . . .

Die anderen Waffen und die Keule

Das Messer. Sie tut gut daran, ihm nicht zu vertrauen. Es schenkt ihr nichts. Eine unglückliche Liebe kann aus einer Keule ein Messer machen.

Der Dolch. Das ist nicht gerade ein Idyll, aber wenigstens ruhig und erholsam. Die Keule wird selten zum Dolch.

Das Langmesser. Ein Zwiegespräch zwischen Taubstummen. Sie verstehen einander nicht. Eine Keule, die durch die Umstände zum Langmesser geworden ist, wird ihr Leben lang unglücklich sein.

Der arabische Dolch. Ihre Verständigung ist nur oberflächlich. Glücklicherweise wird eine Keule nicht zum arabischen Dolch.

Der Morgenstern. Hier gibt es keinen Mittelweg: Sie sind so verschieden, daß sie sich nur lieben oder hassen können — soweit eine Keule überhaupt zum Haß fähig ist. Die Keule wird auch nicht zum Morgenstern.

Die Axt. Sie können sich gut leiden und ohne weiteres zusammenleben. Die Tür der Axt wird für die Keule immer offenstehen.

Die Kette. Die Kette streckt ihre Arme nach der Keule aus, denn ihr gefällt deren Beständigkeit. Die Keule ist aber nicht willens, sich blind hineinzuwerfen. Der Aufstieg über das Geld reizt sie nicht sehr.

Das Schwert. Auch das Schwer hegt — aus denselben Gründen — Zuneigung zur Keule, die ihrerseits der Sache nicht traut. Und das zu Recht! Das Schwert hat sich ihrer schon immer bedient. Für die Keule stellt sich die Frage gar nicht, ob sie Schwert werden soll. Sie wird sich niemals einer langweiligen Ausbildung fügen.

Die Lanze. Sie verstehen sich gut, denn die Lanze träumt immer ein wenig vom Land; die Keule wiederum träumt in einem Winkel stets davon, sich Bildung anzueignen. Die Keule kann, wenn sie sich anstrengt, sehr wohl Lanze werden. Aber will sie das überhaupt?

Die Schleuder. Ehrliche Zuneigung. Die Schleuder hält ihr beide Hände hin.

Der Bogen. Der Bogen, obwohl zurückhaltender, ist dennoch immer bereit, die Keule in seinen Kreisen aufzunehmen. Aber er ist mißtrauischer als die Schleuder und auch gewandter.

B

WENN DIE KEULE IHRE WAFFE
DER ANKUNFT IST

Sie werden wissen, daß Sie Keule geworden oder geblieben sind (letzteres kommt häufig vor), wenn Sie beschlossen haben, sich auf dem Lande niederzulassen oder dort zu bleiben und Ihren Garten oder Ihren Acker zu bestellen.

Seien Sie glücklich und schenken Sie vielen Kindern das Leben: Sie werden sich an Brombeermarmelade gütlich tun.

Und lesen Sie dieses Kapitel ganz: Es betrifft Sie.

Ach ja, das ist eine verführerische Waffe! Man kann sehr hoch »aufgestiegen« sein und dann mit voller Absicht die Keule und das Glück wählen. Aus einer gebildeten Keule wird keinesfalls eine Axt — sie bleibt Keule.

Die Keule und ihre Aszendent-Waffen

Wieder sind alle Kombinationen von 1 bis 12 möglich. Hier beginnt jedenfalls schon der Höhenflug.

Verlieren wir nie die Tatsache aus den Augen, daß die Keule mehr mit ihrem Glück als mit ihrem Erfolg beschäftigt ist. Und wenn dieses Kapitel auch den Erfolgsmöglichkeiten der Waffen gewidmet ist, so wollen wir doch nicht versäumen, die Glückschancen dieser Waffen zu erwähnen.

1. Waffe der Vorherbestimmung

Hoffen wir, daß sie hoch ist — aber nicht auf Kosten der anderen Aszendent-Waffen. Für den charakterlichen Aspekt wäre es gut, wenn unsere Keule als Löwe oder Zwilling geboren wäre. Das würde ihr ein gewisses Gleichgewicht bringen. Aber die Waage ist für die Keule auch nicht schlecht, und für das Geld vorherbestimmt zu sein, wo sie doch wenig Chancen hat, viel davon zu verdienen oder selbst nur davon zu träumen, ist für sie auch nicht übel.

2. Waffe der Neigung

Ein bißchen Ehrgeiz würde ihr ganz guttun . . . Für ihren Erfolg wäre es günstig, wenn Morgenstern, Axt oder Schwert ihre Waffe der Neigung wären.

3. Waffe der Chancen

Es sollte wieder die Axt sein oder die Lanze; die können sie voranschieben. Zur Not auch das Schwert. Auf keinen Fall jedoch das Langmesser . . . oder die Schleuder (die die Keule aber glücklich macht).

Die schlechteste Kombination für die Keule ist:

5 + 3 + 11 (Morgenstern als Waffe der Vorherbestimmung + Langmesser als Waffe der Neigung + Schleuder als Waffe der Chancen).

Die beste Kombination ist:

9 + 5 + 7 (Schwert als Waffe der Vorherbestimmung + Morgenstern als Waffe der Neigung + Axt als Waffe der Chancen).

Die Keule

▶ Ist ihre Waffe der Vorherbestimmung

Das Messer: Diese Keule wird recht kümmerlich leben, aber sie macht sich nichts daraus.

Der Dolch: Hier gibt es nur wenig Erfolgschancen — außer wenn die anderen Aszendent-Waffen sehr günstig sind.

Das Langmesser: Wir können nur hoffen, daß die anderen Aszendent-Waffen anregender sind.

Der arabische Dolch: Diese Waffe wird das Leben der Keule komplizierter machen und sie zum Handeln zwingen — und das ist auf jeden Fall zu ihrem Besten.

Der Morgenstern: Sie wird weiterhin ihren Garten bestellen und glücklich sein . . . was gar nicht so übel ist.

Die Axt: Sie wird ihren Geist genauso kultivieren wie ihren Garten. Die Türen zur Lanze, zur Schleuder und selbst zum Bogen stehen offen.

Die Kette: Das wäre prächtig . . . wenn das Geld die Keule glücklich machen könnte.

Das Schwert: Eine große Erfolgsmöglichkeit.

Die Lanze: Das ist wunderbar . . . aber es geht auf Kosten der anderen Aszendent-Waffen.

Die Schleuder: Das ist günstig, aber die Keule wird daraus nichts machen — nur ihr Glück, und das ist ja schließlich auch nicht schlecht.

Der Bogen: Das wäre gut — selbst dann, wenn das Messer daran beteiligt ist.

▸ Ist ihre Waffe der Neigung

Das Messer: Das ist amüsant, aber nichts Ernsthaftes und Ordentliches.

Der Dolch: Eine quietschvergnügte Keule, nur ohne jeden Ehrgeiz.

Das Langmesser: Hier herrscht das Gesetz der geringsten Anstrengung. Es wird langweilig.

Der arabische Dolch: Dieses Gran Streitlust ist nützlich.

Der Morgenstern: Dieses Fünkchen Ehrgeiz ist für die Keule recht wertvoll.

Die Keule: Sie wird glücklich sein, aber auf der Stelle treten.

Die Axt: Das ist gut . . . und geht nicht auf Kosten ihres Glücks, was für die Keule von größter Bedeutung ist.

Die Kette: Sie wird launisch und gefährlich sein, und sie wird den »Sparstrumpf« hegen und pflegen.

Das Schwert: Die Keule wird Erfolg und Glück verbinden. Achten Sie aber auf Ihre anderen Aszendent-Waffen!

Die Lanze: Diese Keule wird ehrgeizig sein.

Die Schleuder: Eine reizende, glückliche Keule, die sogar Erfolg haben kann.

Der Bogen: Die Keule sollte schauen, was sie für andere Aszendent-Waffen hat, bevor sie sich freut.

▶ Ist ihre Waffe der Chancen

Das Messer: Das wird schwierig.

Der Dolch: Sie kann Keule bleiben.

Das Langmesser: Das bringt zwar keinen Erfolg, aber jeder ist zufrieden.

Der arabische Dolch: Eine schwierige Angelegenheit! Der Keule macht das jedoch nichts aus.

Der Morgenstern: Die Keule glaubt, ihren Eltern überlegen zu sein . . . zu Unrecht.

Die Keule: Zurück aufs Land, was auch geschehen mag. Dort lacht das Glück.

Die Axt: Nur zu!

Die Kette: Die Keule wird ihre Eltern zum Staunen bringen, es sei denn, daß die Kette auch ihre Waffe der Neigung ist . . . In allen anderen Fällen läuft sie Gefahr, das

Familienvermögen zu verschleudern, wenn sie sich der Landwirtschaft widmet — was, wie jeder weiß, kein einträgliches Geschäft ist.

Das Schwert: Bravo! Die Keule müßte schließlich Lanze werden und ihr Leben auf dem Lande verbringen.

Die Lanze: Kein Zweifel, sie wird der Keule beim »Aufstieg« behilflich sein.

Die Schleuder: Das wird kein Erfolg. Die Schleuder versteht die Keule nur allzugut, und obendrein ist sie zu pessimistisch.

Der Bogen: Das kann die Dinge erleichtern . . . aber achten Sie auf die anderen Waffen!

3. Kapitel

Die Axt

Jeder weiß, was eine Axt ist. Es ist eine furchtbare Waffe, besonders die Fleischeraxt mit ihrem langen Stiel . . . Sie ist keine Angriffs- und auch keine Kriegswaffe, sondern eine improvisierte, bäuerliche Waffe, die oft bei Verbrechen, die im Affekt begangen werden, benutzt wird.

A

WENN DIE AXT IHRE WAFFE DES AUFBRUCHS IST

Die Axt ist eine der günstigsten Waffen. Wer als Axt geboren wurde, hat einen guten Start ins Leben erwischt. Die Axt öffnet allen Möglichkeiten die Tür. Sie ist die Sprungbrett-Waffe schlechthin.

Diese Intellektuelle hat einen eisernen Willen, großen Wissensdurst und einen angeborenen Hang zum Lernen. Beherzt — so wie man Bäume fällt — macht sie sich an die Arbeit. Findig wie sie ist, träumt die Axt stets davon, weiter aufzusteigen und noch mehr zu wissen und zu können. Sie träumt auch von Frieden, von Brüderlichkeit und

Gleichheit unter den Menschen. Sie ist besonnen und ausgeglichen, und ihr Verstand ist wendig. Sie hat Sinn für Harmonie und für Gerechtigkeit, und ihre soliden geistigen Fähigkeiten sind nur durch eine gewisse Einseitigkeit ein wenig eingeschränkt. Sie ist verträglich und auch strebsam.

Alles, was neu ist, beunruhigt die Axt zunächst, denn sie ist nicht mutig. Sie ist sogar ängstlich. Aber schließlich nimmt sie die Dinge doch so, wie sie sind, selbst wenn sie diese — auch wenn sie es noch so sehr möchte — nicht begreift. Sie ist nämlich bescheiden und weiß wohl um die Grenzen ihrer Möglichkeiten. Bescheiden ist sie und allzu vertrauensselig. Die Axt glaubt an das Gute im Menschen, an seine edle Gesinnung, an seinen tiefgehenden Wunsch nach Frieden. Kurzum, die Axt glaubt an den Weihnachtsmann. Ein wenig naiv und sehr optimistisch, was die Zukunft betrifft, hat sie das, was man eine stählerne Moral nennen könnte.

Mehr ein Verstandes- als ein Gefühlsmensch, schließt sie sich solchen Menschen an, die ihr ähnlich sind. Ihre recht verfeinerte Sexualität spielt in ihrem Leben keine besondere Rolle.

Die anderen Waffen und die Axt

Das Messer. Das sind schwierige Beziehungen. Die Axt gibt sich Mühe, das Messer zu ertragen. Sie muß schon viele Enttäuschungen erleben, um selbst Messer zu werden.

Der Dolch. Gegenseitige Zuneigung. Aber die Axt »sinkt« nicht zum Dolch hinab.

Das Langmesser. Ein recht gutes Einvernehmen, obwohl der eine Materialist und der andere Idealist ist (es stimmt: die Axt ist kein guter Menschenkenner). Das Langmesser ist jedenfalls keine Bedrohung für sie. Die Axt fällt so gut wie nie in seine Reihen zurück.

Der arabische Dolch. Keinerlei Sympathie. Die Axt täte gut daran, ihm zu mißtrauen, sie könnte sonst sein Opfer werden. Ob sie zum arabischen Dolch werden könnte? Alles ist möglich . . .

Der Morgenstern. Sie haben sich nichts zu sagen. Die Axt wird nur selten Morgenstern.

Die Keule. Sie sind ein Freundespaar. Eine enttäuschte Axt kann Schlimmeres tun, als sich aufs Land zurückziehen.

Die Kette. Sie werden nicht warm miteinander. Die Axt trachtet kaum danach, Kette zu werden. Und wenn sie eine Erbschaft macht, dann ist die Wahrscheinlichkeit groß, daß sie diese verplempert.

Das Schwert. Das Schwert befremdet die Axt, weiß aber, sie geschickt zu lenken. Es kommt vor, daß sie sich gut vertragen. Die Axt muß sich aber sehr anstrengen, wenn sie Schwert werden will.

Die Lanze. Sie verstehen sich nicht schlecht. Die Axt hegt im Grunde ihres Herzens immer die Hoffnung, Lanze zu werden — und oft gelingt ihr das auch.

Die Schleuder. Sie haben oft Umgang miteinander und führen leidenschaftliche Diskussionen, denn sie sind beide Idealisten. Eine begabte, schöpferische Axt kann leicht Schleuder werden und es auch bleiben.

Der Bogen. Er hält Abstand, weil er von der Axt allzuoft um Hilfe gebeten wird: Sie schreibt ihm, stellt ihm Fragen, beglückwünscht oder kritisiert ihn. Selbst wenn eine Axt kreative Anlagen hat, wird sie viel Mühe haben, Bogen zu werden (siehe Schleuder). Sie ist zu naiv.

B

WENN DIE AXT IHRE WAFFE
DER ANKUNFT IST

Alle kleinen Geistesarbeiter — vom Postbeamten bis zum Lehrer — sind Axt. Aber auch alle Autodidakten, alle, die sich aus Liebhaberei mit der Kunst beschäftigen, die kulturell Interessierten, der Arbeiter, der sich politisch betätigt, der sogenannte Linksintellektuelle etc.

Es ist die Waffe, die alle kurzen Waffen versuchen sollten zu erreichen, denn sie ist das »Sesam-öffne-dich« zu den langen . . . Wenn Sie Axt geworden sind, handeln Sie so, als ob Sie es schon von Geburt an gewesen wären, denn sie haben ihre Mängel und auch ihre Qualitäten miterworben — und lesen Sie dieses Kapitel.

Die Axt und ihre Aszendent-Waffen

Auch hier sind alle Kombinationen möglich. Aber wie diese Kombinationen auch aussehen mögen — die Axt ist eine Waffe, die den Erfolg begünstigt.

1. Waffe der Vorherbestimmung

Um der Axt zu helfen, wäre es gut, eine hohe zu wählen, damit sie nicht zu sehr kämpfen muß. Wenn sie als Steinbock (und damit Lanze) geboren wäre, so wäre das hervorragend. Gut wäre auch Wassermann (und damit Schleuder). Ihre Waffe der Vorherbestimmung sollte nicht zu niedrig sein, denn dann würde die Axt sich leicht übervorteilen lassen. Wünschen wir ihr also, daß sie nicht als Jungfrau oder Krebs oder Stier geboren ist; dann notfalls noch lieber als Widder, Zwilling oder Skorpion.

2. Waffe der Neigung

Um ihre Naivität, ihr blindes Vertrauen und ihren Mangel an Wagemut auszugleichen, erscheint uns der arabische Dolch oder die Kette als ausgezeichnete Neigung. Axt, Keule oder Schleuder sind dagegen nicht wünschenswert.

3. Waffe der Chancen

Ohne großen Schaden für die anderen Aszendent-Waffen kann sie sich hier die Lanze leisten. Für ihren Erfolg kann die Kette sehr nützlich sein; durch sie kann sie leicht Lanze werden. Die vier kurzen Waffen würden ihr jedoch die Flügel stutzen.

Die schlechteste Kombination für die Axt ist:

6 + 11 + 3 (Keule als Waffe der Vorherbestimmung + Schleuder als Waffe der Neigung + Langmesser als Waffe der Chancen).

Die beste Kombination ist:

10 + 4 + 8 (Lanze als Waffe der Vorherbestimmung + arabischer Dolch als Waffe der Neigung + Kette als Waffe der Chancen).

Die Axt

▸ Ist ihre Waffe der Vorherbestimmung

Das Messer: eine Katastrophe! Das sichere Unglück.

Der Dolch: Die Axt soll sich nur nicht niederdrücken lassen.

Das Langmesser: Das wird hart; der Weg ist noch nicht ausgetreten.

Der arabische Dolch: Das ist nicht ideal, aber es gibt immerhin Hoffnung.

Der Morgenstern: Mein Gott, es gibt Schlimmeres! Nur Mut!

Die Keule: Die Axt muß ihr Schicksal herausfordern.

Die Axt: Keinerlei Risiko. Das sind starke Neigungen — es wäre ausgezeichnet.

Die Kette: Das Geschick ist der Axt schon gewogen.

Das Schwert: Die Axt müßte Erfolg haben. Sie sollte sich ein hohes Ziel stecken!

Die Lanze: Das ist ideal. Es ist für die Axt ein leichtes, schließlich Lanze zu werden.

Die Schleuder: Das ist interessant, aber verteufelt kompliziert!

Der Bogen: Sehr gut. Aber was bleibt noch für die anderen Waffen übrig?

▶ Ist ihre Waffe der Neigung

Das Messer: Das wird ein schwieriges Leben.

Der Dolch: Vorsicht vor unüberlegten Handlungen!

Das Langmesser: Da ist eine Schwarzseherin mit an Bord.

Der arabische Dolch: Diese Axt wird nicht von den üblichen, nutzlosen Skrupeln geplagt.

Der Morgenstern: Donnerwetter, das ist was Solides! Diese Axt wird ganz sicher kein fideles Haus sein.

Die Keule: Sie wird die Neigung haben, alles einfach laufen zu lassen.

Die Axt: Allzuviel Naivität. Da sie zu vertrauensselig ist, wird sie Enttäuschungen hinnehmen müssen.

Die Kette: Vollkommen ausgewogen.

Das Schwert: Die Axt verliert nur ihre Zeit.

Die Lanze: Sehr gut! Aber was sagen die anderen Aszendent-Waffen?

Die Schleuder: Das ist nicht wünschenswert. Die Schleuder, die allzu rechtschaffen ist, macht nicht genügend Zugeständnisse.

Der Bogen: Das ist sehr gut . . . aber was, zum Teufel, wird aus den anderen Aszendent-Waffen in diesem Boot?

▶ Ist ihre Waffe der Chancen

Das Messer: Die Axt soll nur ja nicht auf ihre Eltern zählen.

Der Dolch: Sie kann Axt bleiben.

Das Langmesser: Die Eltern werden den Ehrgeiz der Axt schon im Keim ersticken. Sie mißtrauen Intellektuellen.

Der arabische Dolch: Zwischen ihnen gibt es haufenweise Probleme! Die Axt sollte nicht zu pessimistisch sein.

Der Morgenstern: Das ist etwas Gediegenes — aber den Eltern der Axt fehlt es an Schwung.

Die Keule: In diesem Milieu kann die Axt sich entfalten.

Die Axt: Das ist sehr gut. Der Apfel fällt nicht weit vom Stamm.

Die Kette: Geld erleichtert so manches. Die Axt, diese Linksintellektuelle, soll es bloß nicht verachten!

Das Schwert: Hier gibt es Spannungen mit den Eltern; aber diese werden trotzdem ihre Pflicht tun.

Die Lanze: Sehr gut! Lanzen lieben es, Lanzen zu fabrizieren, und sie vermachen ihnen ihre Titel und ihre . . . Klientel.

Die Schleuder: Sie halten zusammen wie Pech und Schwefel. Aber für die anderen Aszendent-Waffen bleiben nur wenige Punkte übrig.

Der Bogen: Der Erfolg ist gesichert . . . trotz der beiden anderen Waffen, die sich zehn Punkte teilen müssen.

4. Kapitel

Die Kette

Das ist die Schlagwaffe des Mittelalters, die verheerend gegen Harnisch und Panzer gewütet hat. Wer mit einem Karren Waren über Land fuhr, benutzte, wenn er sich gegen Räuber zur Wehr setzen mußte, die Radkette wie einen »Morgenstern«. Und das tun auch die »Blousons noirs« mit ihren Fahrradketten.

Die Kette ist eine fürchterliche Waffe der Improvisation. Da sie die Waffe der Händler war, ist sie zum Symbol für Geld geworden.

A

WENN DIE KETTE IHRE WAFFE DES AUFBRUCHS IST

Die Kette ist wendig, interessiert, einsatzfreudig, leistungsfähig und diplomatisch. Da sie äußerst intelligent ist und nicht ständig von Skrupeln geplagt wird, kann sie sich jeder Situation anpassen, wenn sie glaubt, daß es für sie von Nutzen ist. Das macht ihre Stärke aus. Sie bedient sich mit erstaunlicher Leichtigkeit des Geldes und der Menschen.

In Geschäftsdingen ist sie gewandt und mit allen Wasser gewaschen. Manchmal ist sie freigebig und macht kleine Geschenke: Sie möchte so gern, daß man sie liebt! Da ihr das nicht immer gelingt, leidet sie, denn sie ist empfindlich. Für Schmeicheleien ist sie sehr empfänglich und müßte ihnen doch mißtrauen, um nicht ein paar Stufen hinunterzustürzen.

Ihr Verlangen nach Sympathie gibt ihr manchmal einen Anschein von Herzlichkeit, obwohl sie hart ist und niemals ihren finanziellen Erfolg aus den Augen verliert. Sie mißtraut Künstlern und Intellektuellen, von denen sie weiß, daß sie ihnen nicht gewachsen ist. Ihr einziges Bestreben ist es, Kette zu bleiben und dabei ihre Punkte zu verbessern. Geld anzuhäufen ist ihre größte Sorge, ihr Ziel, ihr Vergnügen.

Ohne romantisch zu sein, ist die Kette doch sehr gefühlvoll und sinnlich, was für ihre Partner überraschend sein kann, wenn sie »entfesselt« ist. Aber sie träumt nicht gern im Mondschein . . .

Die anderen Waffen und die Kette

Das Messer. Das Messer legt es darauf an, die Kette zu beunruhigen und die »Internationale« unter ihrem Fenster zu singen. Nach Schicksalsschlägen oder einem allzu windigen Geschäft kann die Kette sehr wohl zum Messer werden.

Der Dolch. Der Dolch ist der treueste Diener der Kette. Die Kette weiß ihn zu ihrem eigenen Vorteil zu nehmen. Selbst wird sie nicht Dolch.

Das Langmesser. Scheinbares Einvernehmen, das auf Kosten des Langmessers geht. Gemeinsam ist ihnen die »bürgerliche« Gesinnung (im abwertenden Sinn). Die Kette ist nie in Gefahr, Langmesser zu werden.

Der arabische Dolch. Sie sympathisieren von weitem. Die Kette kann zum arabischen Dolch werden . . . und dann den Hang wieder hinaufklettern.

Der Morgenstern. Er mag die Kette sehr — die nutzt das aus und läßt ihn dann fallen. Die Kette wird niemals zum Morgenstern.

Die Keule. Trotz der Offerten der Kette bleibt sie zurückhaltend. Eine sentimentale Kette kann Keule werden . . . und es später bereuen.

Die Axt. Sie haben keinerlei Sympathie füreinander, sind sich aber gegenseitig von Nutzen. Die Idee, sie könnte Axt werden, versetzt die Kette in Schrecken.

Das Schwert. Sie haben Umgang miteinander, aber das Schwert fühlt sich der Kette sehr überlegen. Es schwebt hoch über ihr . . . Für die Kette ist es schwierig, Schwert zu werden. Aber die Macht des Geldes ist so groß!

Die Lanze. Auch sie pflegen Beziehungen zueinander, denn sie kommen aus denselben Kreisen. Die Kette ist oft darauf aus, Lanze zu werden, denn so kann sie sich, ohne dabei Geld zu verlieren, einen Namen, Achtung, Bewunderung und vielleicht sogar Liebe erwerben. Das wird ihr aber nur gelingen, wenn sie sich von Geld um des Geldes willen lossagt — und das wird ihr sehr schwerfallen.

Die Schleuder. Die Schleuder mag die Kette nicht. Trotzdem kann die Kette ohne große Mühe und gerade mit Hilfe des Geldes Schleuder oder Bogen werden, wenn sie die dafür erforderlichen Anlagen hat. Bei diesen höheren Waffen hat sie im allgemeinen Erfolg, wobei ihre realitätsbezogenen Eigenschaften ihr nützlich sind; ausdrückliche Bedingung dafür ist aber, daß sie ein gewisses Maß an Uneigennützigkeit und Selbstlosigkeit erlangt — und das sind ganz sicher nicht ihre hervorstechendsten Qualitäten.

Der Bogen. Er verkehrt viel mit der Kette, kennt sie gut und kann sie auch leiden (siehe Schleuder).

B

WENN DIE KETTE IHRE WAFFE DER ANKUNFT IST

Sie sind zur Kette geworden, wenn Sie sich, nachdem Ihre finanzielle Lage sich durch günstige Umstände gebessert hat, von einer fiebrigen Lust ergriffen fühlen, Geld anzuhäufen. Dieses Mißgeschick passiert häufig der Lanze, die recht gut verdient, und auch dem Bogen, für den die Versuchung groß ist. Ob Sie Kette sind, hängt nicht nur von Ihrem Bankkonto ab, sondern in erster Linie von Ihrer Einstellung. Lesen Sie also dieses Kapitel, das der Kette gewidmet ist.

Die Kette und ihre Aszendent-Waffen

Auch für diese mittlere Waffe sind alle Kombinationen von 1 bis 12 möglich. Bei den langen Waffen wird dann alles anders.

1. Waffe der Vorherbestimmung

Die Kette kann sich fast alles erlauben, aber wir wünschen ihr keine zu kurzen Waffen. Sie verraten einen Mangel an Glück, der schwerwiegend sein kann, besonders auf finanziellem Gebiet. Die Vorherbestimmung einer Kette könnte für sie nicht gut sein, denn dann wird ihr Schicksal sie auf ihrer Stufe festhalten. Eine Axt als Vorherbestimmung könnte schon genügen, vor allem dann, wenn dazu noch der nachdenkliche Charakter der Fische kommt.

2. Waffe der Neigung

Auf dem Weg zum Geld darf man die Kette nicht noch ermutigen — dieses macht sie unbeweglich. Es wäre also gut, wenn sie nicht die Neigung zur Kette hätte, auf gar keinen Fall aber zum arabischen Dolch. Das häusliche Langmesser sollte man ihr ersparen. Ausgezeichnet wäre die Neigung zu Axt, Lanze oder sogar — und warum nicht? — zur Schleuder.

3. Waffe der Chancen

Auch hier ist einigen Einflüssen zu mißtrauen. Der arabische Dolch, die Kette, das Schwert könnten katastrophal sein und sie darin unterstützen, Kette zu bleiben, wogegen die Axt, die Lanze oder die Schleuder sie über sich selbst hinausheben würden . . . Diese Waffen sind ihr zu wünschen.

Die schlechteste Kombination für die Kette ist:
6 + 8 + 9 (Keule als Waffe der Vorherbestimmung + Kette als Waffe der Neigung + Schwert als Waffe der Chancen).
Die beste Kombination ist:
7 + 11 + 7 (Axt als Waffe der Vorherbestimmung + Schleuder als Waffe der Neigung + Axt als Waffe der Chancen).

Die Kette

▸ Ist ihre Waffe der Vorherbestimmung

Das Messer: Das wird ein schlechtes Ende nehmen.

Der Dolch: Das mindeste, was man hier sagen kann, ist, daß der Kette das Glück nicht lachen wird.

Das Langmesser: Die Kette läuft Gefahr, sich leicht zu ereifern.

Der arabische Dolch: Die Kette muß mit vielen Unannehmlichkeiten rechnen.

Der Morgenstern: Da ist nichts Gutes zu erwarten.

Die Keule: Das ist für die Kette ganz und gar nicht das Gelbe vom Ei.

Die Axt: Das mag schon genügen. Befragen Sie auch die anderen Aszendenten.

Die Kette: Glück im Spiel. Sie kann sich erlauben, Risiken einzugehen, wird aber wohl nur riskieren, Kette zu bleiben . . . was ihr auch gar nicht mißfällt.

Das Schwert: eine Chance mehr für die Kette.

Die Lanze: Die Kette wird bestimmt ohne viel Mühe »aufsteigen«.

Die Schleuder: Das kann für die Kette ausgezeichnet sein.

Der Bogen: Zu viele Abstriche bei den anderen Aszendenten . . . aber was für eine Chance! So kann sie die Bank sprengen!

▸ Ist ihre Waffe der Neigung

Das Messer: Das gibt Komplikationen. Nichts wird einfach sein.

Der Dolch: Nichts Aufregendes.

Das Langmesser: Die Lust am Risiko ist begrenzt.

Der arabische Dolch: eine explosive Mischung! Das Gefängnis lauert auf die Kette (alle Aszendenten »arabischer Dolch« sind schlecht für sie).

Der Morgenstern: Ein letzter Rest Redlichkeit kann der Kette nur nützlich sein.

Die Keule: Das ist eine Kette, die die Ruhe schätzt und ein wenig poetisch ist.

Die Axt: eine ehrliche Kette. Diese Neigung kann sie sehr weit nach oben bringen.

Die Kette: Gute Chancen, daß sie Kette bleibt.

Das Schwert: Es ist gar nicht schlecht für die Kette, wenn sie ein etwas effektvolleres Auftreten bekommt.

Die Lanze: Das wäre gut, wenn die Lanze nicht ärgerlicherweise vom Status der Kette angezogen würde.

Die Schleuder: Das ist ideal. Die Schleuder bringt der Kette einen Hauch von frischer Luft und Offenheit.

Der Bogen: Das wäre gut, wenn der Bogen nicht, wie die Lanze, oft ein Opfer der Kette würde.

▶ Ist ihre Waffe der Chancen

Das Messer: Die Eltern der Kette können mit ihr nichts anfangen — höchstens auf ihre Kosten leben.

Der Dolch: Von ihm ist nichts zu erwarten. Die Eltern der Kette tun aber, was sie können.

Das Langmesser: Die Eltern werden der Kette den Wind aus den Segeln nehmen wollen.

Der arabische Dolch: Die Eltern werden die Kette zum Konsum anstacheln.

Der Morgenstern: Die Kette und ihre Eltern haben sich nichts zu sagen.

Die Keule: Die Eltern tadeln die Kette zwar, lassen sie aber nicht fallen, was auch geschehen mag.

Die Axt: Diese Eltern sind sehr selbstlos, wenn auch ehrgeizig, und so sind sie für die Kette im großen und ganzen günstig.

Die Kette: Das Familienvermögen ist in guten Händen.

Das Schwert: Die Eltern der Kette sind nachsichtig. Und alles in allem ist Geld eine Aufstiegsmöglichkeit wie jede andere . . . aber die Kette muß aufpassen, daß sie nicht Schiffbruch erleidet.

Die Lanze: Die Kette kann sich beglückwünschen, daß ihre Eltern Werte schätzen, die nicht unbedingt materiell sind. Sie werden für das Gleichgewicht der Kette sorgen.

Die Schleuder: Das ist auch gut. Man wird der Kette tröpfchenweise ein Ideal verabreichen, das sie aber auch gut gebrauchen kann. Diese Ketten sind aus jenem Holz geschnitzt, aus dem Mäzene gemacht werden.

Der Bogen: Die Kette hat Komplexe, weil die Eltern so berühmt sind. Sie versteift sich möglicherweise darauf, gegen alle Widerstände Kette zu bleiben, obwohl sie höher zielen könnte.

VIERTER TEIL

Die langen Waffen

DAS SCHWERT

DIE LANZE

DIE SCHLEUDER

DER BOGEN

Allgemeines

Diese Waffen, die eine große Reichweite haben, symbolisieren Ihre Einflußsphäre. Sie besitzen Selbstvertrauen, obwohl sie auch Augenblicke der Besorgnis kennen (häufig bei Schleuder und Bogen). Diese Angst, die sie manchmal bedrängt, ist nur der Ausdruck ihres Wunsches, Gutes zu tun und den anderen Waffen oder einer Sache uneigennützig zu dienen. Sie träumen davon, auf die Menschen, die sie umgeben, auf ihr Land, auf die Welt und — warum nicht? — auf ihre Epoche Einfluß zu nehmen . . . Dieses Bedürfnis findet sich beim Schwert (Minister, General usw.), bei der Lanze (Architekt, Arzt, Journalist usw.), bei der Schleuder (Maler, Schriftsteller usw.) und auch beim Bogen (Künstler oder Wissenschaftler von internationalem Rang usw.)

Es gibt zwischen diesen vier Waffen kaum Klassenunterschiede: Sie treffen sich, gehen nebeneinander her, sie kennen sich, sie erkennen sich wieder, und wenn sie sich manchmal auch gegenseitig fürchten und sogar hassen, so respektieren sie sich doch.

Es kommt oft vor, daß das Schwert und die Lanze auf der sozialen Leiter höhergestellt sind als die Schleuder (die arme Verwandte des Bogens). Aber — und das ist diesem Horoskop als Verdienst anzurechnen — die Schleuder schwebt zusammen mit dem Bogen über den Banalitäten dieser Welt. Sie nehmen eine Sonderstellung ein. Sie sind die edelsten, die selbstlosesten, die am meisten mit Inspiration begabten Ausdrucksformen der menschlichen Natur. Daß die Schleuder und der Bogen auf wissenschaftlichem, künstlerischem oder politischem Gebiet tätig sind, zeigt, daß sie schöpferische Anlagen haben und von großen Dingen träumen.

Wenn aber Schwert und Lanze erst erreicht werden können, nachdem man eine gewisse Bildung erworben hat, so kann jeder Schleuder oder Bogen werden. Selbst Arme, Unbekannte und vom Unglück Verfolgte können hoch fliegen. Sie lassen das Geld und die Macht hinter sich. Auf der Suche nach der Wahrheit schaffen sie Kunstwerke, machen Entdeckungen und Revolutionen . . .

Diese vier Waffen sind der Kette immer überlegen, selbst wenn sie eine »Handelskette« ist. Der Bekanntheitsgrad dieser milliardenschweren Kette bedeutet nicht viel — Macht, Intelligenz, künstlerische Gaben und Idealismus liegen weit über ihr . . .

Wenn Sie als lange Waffe geboren sind (was selten vorkommt), ruhen Sie sich nicht auf Ihren Lorbeeren aus. Der Abhang ist steil. Mißtrauen Sie dem Geld! Es ist Ihr Hauptfeind.

1. KAPITEL

DAS SCHWERT

Den Säbel, das Florett und den Krummsäbel kann man mit dem Schwert auf eine Stufe stellen. Der Gebrauch dieser Waffe verlangt spezielle Kenntnisse auf dem Gebiet der Kriegskunst. Mit einem Schwert kann man nicht improvisieren: Man muß wissen, wie man es benutzt, sonst wird diese Waffe unwirksam und sogar hinderlich.

A

WENN DAS SCHWERT IHRE WAFFE DES AUFBRUCHS IST

Das Schwert ist die kürzeste der langen Waffen. Aber sein Hochmut ist maßlos. Es neigt dazu, sich für den Mittelpunkt der Welt zu halten. Es ist jedoch nur das Symbol der militärischen, gesellschaftlichen oder staatlichen, niemals aber das der geistigen Macht. Da es zum Regieren vorherbestimmt ist, verfügt das Schwert über angeborene Autorität, Organisationstalent und Lust am Herrschen.

Dieser stolze, traditionsverhaftete, konservative große Herr benimmt sich wie ein Führer und verstößt niemals gegen seine Pflicht oder gegen das, was er für diese hält. Das Schwert ist ein bißchen so wie die Helden bei Corneille: Es opfert sich gern auf, folgt Anwandlungen von Großmut und stellt oft seine Selbstlosigkeit unter Beweis.

Als Mann von Welt ist das Schwert gewandt im Umgang mit Menschen. Es haßt die Einsamkeit. Mit Gediegenheit und Würde zeigt es sich in den Salons. Dieser Puritaner, der im Mittelalter die unerfreuliche Angewohnheit hatte, als symbolische Schranke Liebende zu trennen, nimmt die überkommene Moral sehr ernst.

Das Schwert betrachtet die Gesamtheit der Sterblichen mit Herablassung. Intelligenz benötigt es nicht unbedingt — es kommt auch so ganz gut zurecht.

Sollte es Gefühle haben, so verbirgt es sie. Auch seine Sexualität breitet es nicht öffentlich aus: Erotik ist keine Familienangelegenheit. Ausschweifungen gibt es sich nur außerhalb seiner Kreise und mit einem gewissen Schuldbewußtsein hin.

Da es sehr sittenstreng ist, verzeiht es sich selbst kaum etwas. Der kleinste Schandfleck macht es mutlos, und daher hängen die kurzen Waffen wie ein Damoklesschwert über seinem Haupt.

Die anderen Waffen und das Schwert

Das Messer. Für das Schwert existiert das Messer gar nicht. Ein Schwert wird niemals zum Messer.

Der Dolch. Er liebt das Schwert auch nicht gerade. Und das Schwert zahlt mit gleicher Münze zurück. Der Dolch ist ihm lästig wie ein Ungeziefer. Er stellt keine Gefahr für das Schwert dar; dieses hält ihn aber trotzdem auf Distanz.

Das Langmesser. Für das Schwert ist es Teil einer anderen Welt. Ein Schwert sinkt nur selten auf den Stand des Langmessers zurück.

Der arabische Dolch. Sie verstehen sich nicht, aber der arabische Dolch nimmt Rücksicht auf das Schwert. Ein Schwert kann zum arabischen Dolch werden, wenn es von Niederlage zu Niederlage »absteigt« . . .

Der Morgenstern. Er ist die rechte Hand des Schwertes. Ein gescheitertes Schwert ist zwangsläufig Morgenstern, ein erfolgreicher Morgenstern ist zwangsläufig Schwert.

Die Keule. Sie mißtraut dem Schwert, aber ihr Naturell treibt sie nur selten zur Auflehnung. Das Schwert kann sehr wohl Keule werden und in Reithosen seine Ländereien durchschreiten; es wird aber immer eine Luxus-Keule sein.

Die Axt. Sie bewundert das Schwert und vertraut ihm, selbst wenn sie von ihm kritisiert und unterdrückt wird. Das Schwert wird selten Axt.

Die Kette. Sie versucht immer wieder, das Schwert zu einem lukrativen Zweck zu kaufen. Ein gekauftes Schwert wird zur Kette . . . zunächst . . .

Die Lanze. Gegenseitiger Respekt. Jeder bleibt auf seiner Position. Man schätzt sich. Die Lanze ist für das Schwert durchaus erreichbar.

Die Schleuder. Sie ist aus Prinzip gegen das Schwert, denn sie träumt vom Glück der Menschen. Ihre Integrität hindert sie oft daran, mit der Macht zu liebäugeln. Es ist aber nicht unmöglich, daß ein Schwert zur Schleuder wird.

Der Bogen. Er verträgt sich gut mit dem Schwert. Wenn er sich ihm widersetzen will, wartet er, bis er stark genug ist (General de Gaulle, Jean-Paul Sartre). Ein Schwert kann ein Bogen werden.

B

WENN DAS SCHWERT IHRE WAFFE DER ANKUNFT IST

Das ist sehr gut. Natürlich kann man ein Schwert nicht aus dem Ärmel schütteln. Schwerter bringen Schwerter hervor — und so ist die günstigste Voraussetzung, daß Ihre Eltern Schwert sind (eine Familie aus dem Soldatenstand). Ein Schwert, das aus seiner Rangordnung herausgetreten ist, ist unbedingt zu loben (Pompidou). Wird es aber Schwert bleiben? Und ist es wirklich Schwert? Ist es nicht eher Kette oder Lanze? ... Wenn Sie Schwert geworden sind, haben Sie die Eigenschaften erworben, die ein Schwert von Geburt an hat; also betrifft dieses Kapitel auch Sie.

Das Schwert und seine Aszendent-Waffen

Alle Kombinationen von 2 bis 12 sind möglich. Das Messer, die Nr. 1, kann man getrost beiseite lassen. Das Schwert kann auf keinen Fall das Messer als Aszendent-Waffe haben.

1. Waffe der Vorherbestimmung

Sie sollte hoch sein. Warum nicht der Bogen? Er würde das Schwert für den Erfolg vorherbestimmen, was ihm ja nur gefallen kann. Und das um so mehr, wenn es als Schütze geboren würde, denn das bringt ihm noch die Toleranz, die ihm sonst oft fehlt. Wünschen wir ihm auf keinen Fall eine niedere Vorherbestimmung; Unglück verträgt das Schwert nämlich schlecht.

2. Waffe der Neigung

Bei dieser Waffe müssen Opfer gebracht werden. Einige der niederen Waffen können seinen Hochmut und seine Strenge sicherlich mildern. Der Dolch bringt ihm ein wenig Bescheidenheit, der arabische Dolch ein bißchen Phantasie . . . Und dann sind da noch die Keule und die Axt. Bei den hohen Waffen ist es dagegen in Gefahr, untätig und starr zu werden, weil sein Hochmut noch gesteigert wird.

3. Waffe der Chancen

Es wäre am besten, wenn diese nicht das Schwert wäre . . . denn dann würde es Schwert bleiben oder sogar absteigen. Also eine der drei anderen langen Waffen, oder eventuell die Kette, die ihm helfen könnte, Lanze zu werden.

Die schlechteste Kombination für das Schwert ist:
5 + 12 + 9 (Morgenstern als Waffe der Vorherbestimmung + Bogen als Waffe der Neigung + Schwert als Waffe der Chancen).

Die beste Kombination ist:
12 + 4 + 12 (Bogen als Waffe der Vorherbestimmung + arabischer Dolch als Waffe der Neigung + Bogen als Waffe der Chancen).

Das Schwert

▶ Ist seine Waffe der Vorherbestimmung

Der Dolch: Davon wird sich das Schwert nicht wieder erholen.

Das Langmesser: Das Schwert läuft Gefahr, Rost anzusetzen, bevor es gebraucht werden konnte.

Der arabische Dolch: Das Schwert wird in den Schwierigkeiten untergehen.

Der Morgenstern: Das Schwert kann seine Abzeichen oder seine Macht verlieren, ohne es verschuldet zu haben.

Die Keule: Das Schwert wird in der Scheide bleiben.

Die Axt: Das Schwert wird nicht wissen, was los ist, und manchmal wird seine Lage scheußlich sein.

Die Kette: Tiefer wird das Schwert nicht fallen. Das ist eine Sicherheitskette.

Das Schwert: Dieses Schwert kann wie mit einem Pfeil hinaufsteigen.

Die Lanze: Das ist gut, aber es könnte noch besser sein.

Die Schleuder: Ausgezeichnet — ein Schwert voller Phantasie! Daraus könnte ein »Lawrence von Arabien« werden.

Der Bogen: Noch besser! Alles scheint dem Schwert leicht zu fallen. Ohne etwas dafür zu tun, wird es befördert.

▶ Ist seine Waffe der Neigung

Der Dolch: Ein bißchen Bescheidenheit kann dem Schwert nicht schaden.

Das Langmesser: Das Schwert wird mit wenig zufrieden sein. Es besteht die Gefahr, daß es zum Morgenstern »zurückfällt«.

Der arabische Dolch: Ein gutes Mittel, um von den Skrupeln der Helden Corneilles nicht erdrückt zu werden.

Der Morgenstern: Vielleicht ist ein Faschist zur Welt gekommen.

Die Keule: Bei den Vorbeimärschen der alten Kämpfer wird das Schwert eine sehr gute Figur machen, und es wird sich damit zufriedengeben.

Die Axt: Sehr gut! Die Axt bringt dem Schwert Selbstlosigkeit, Nachsicht und Bescheidenheit. Und es kann diese Eigenschaften brauchen.

Die Kette: Gefahr! Das Schwert kann vom Geld leicht verdorben werden.

Das Schwert: Es wird glänzen.

Die Lanze: Das Schwert ist von seiner Überlegenheit überzeugt und wird in ständiger Gefahr sein.

Die Schleuder: Die schlechten Seiten des Schwertes werden zwar abgeschwächt, aber seinem Fortkommen wird die Schleuder nicht dienen.

Der Bogen: Der Hochmut des Schwertes könnte ihm schaden.

▶ Ist seine Waffe der Chancen

Der Dolch: Das Schwert soll seine Eltern nur ja zu Hause lassen.

Das Langmesser: Die Eltern des Schwertes werden mit der Sache nicht zurechtkommen.

Der arabische Dolch: Seine Eltern möchten, daß das Schwert vorankommt, damit sie davon profitieren können.

Der Morgenstern: Die Eltern werden das Schwert auf Händen tragen, und sie werden so stolz sein!

Die Keule: Die Eltern des Schwertes werden versuchen, sich selbst in den Hintergrund zu stellen. So wichtig ist ihnen ihre Ruhe.

Die Axt: Auch diese Eltern des Schwertes werden stolz sein ... und es gern unterstützen.

Die Kette: Das Schwert wird Geld benötigen, und seine Eltern werden glücklich sein, ihm helfen zu können, um es in einer gewissen Abhängigkeit zu halten. Sein Ansehen wird dabei trotzdem gewinnen.

Das Schwert: Die Chancen stehen 9:10, daß es Schwert bleibt. Nur die Neigungen können das Schwert von diesem Weg abbringen.

Die Lanze: Das ist ausgezeichnet.

Die Schleuder: Noch besser! Das Schwert wird von seinen Eltern vieles mitbekommen.

Der Bogen: Das ist ideal. Seine Eltern werden dem Schwert nichts abschlagen.

2. Kapitel

Die Lanze

Man nennt sie auch Hellebarde. Sie reicht weiter als das Schwert und verlangt mehr Geschicklichkeit als kriegerisches Wissen. Sie kann alle Waffen auf Distanz halten, und genau das tut sie, selbst auf die Gefahr hin, daß man sie für eingebildet hält. Eine gebrochene Lanze aber taugt zu gar nichts mehr.

A

WENN DIE LANZE IHRE WAFFE DES AUFBRUCHS IST

Eine gute Fee hat der Lanze alle Möglichkeiten in die Wiege gelegt. Die Lanze ist oft intellektuell, immer aber intelligent und mit einem scharfen Verstand begabt. Es ist also angenehm, in ihrer Gesellschaft zu sein. Sie hat nicht nur Klasse und Stil, sondern ist auch von faszinierender Ungeniertheit. Sie glaubt, sich alles erlauben zu können, und so erlaubt sie sich auch vieles. Sie hat Charme. Die Lebendigkeit und die Schärfe ihres Verstandes sind bemerkenswert. Sie liebt den Erfolg, Fehlschläge erträgt sie schlecht. Sie hat genügend Vorstellungskraft, um vorausschauen zu können. Sie ist sogar hellsichtig. Sie ist sehr gefühlsbetont, ohne es einzugestehen, und hat sogar einen leichten Hang zur Schwärmerei.

Karrieresüchtig, listig und mißtrauisch wie sie ist, handelt die Lanze stets vorsichtig. Oft ist sie in der Defensive; aber das kann sie gut verbergen. Sie erscheint völlig entspannt, ungezwungen und sorglos. Sie scherzt, macht Witze. Da sie geistreich ist, hat sie keine Bedenken, Sticheleien auszuteilen. Ihr Humor läßt sie aber auch über sich selbst lachen.

Die normalen Sterblichen, denen sie sich überlegen fühlt, verachtet sie ein wenig. Sie stellt Intelligenz über alles, und ihr eigener sozialer Aufstieg fasziniert sie.

Unglück aber erträgt sie sehr schlecht, und sie kann sich den Umständen nicht anpassen. Schon der erste Mißerfolg droht sie zu zerbrechen — ihr Sturz wäre schwindelerregend. Auf sexuellem Gebiet gibt sie sich durchaus frei, und sie spricht gern über Erotik.

Die anderen Waffen und die Lanze

Das Messer. Für das Messer ist die Lanze Teil einer unbekannten und etwas langweiligen Welt. Eine gebrochene, enttäuschte Lanze kann Messer werden.

Der Dolch. Er bewundert die Lanze blind. Die Lanze aber wird niemals Dolch.

Das Langmesser. Im Grunde seines Herzens beneidet es die Lanze, und so ist es bestrebt, sie wie seinesgleichen zu behandeln. Nur wenige Lanzen — nicht einmal die zerbrochenen — werden Langmesser.

Der arabische Dolch. Er bemüht sich, Zutritt zu den Kreisen der Lanze zu bekommen, die zwar mit ihm spielt, ihm aber nicht traut. Nie wird sie zum arabischen Dolch.

Der Morgenstern. Er kann mit der Lanze nichts anfangen. Er hat andere Wünsche. Die Lanze »sinkt« kaum zum Morgenstern hinab.

Die Keule. Große Sympathie. Die Lanze sieht die Keule als ideale Position für den Ruhestand an. Sie könnte eine Pferdezucht anfangen, sie könnte ein Schwanenpärchen kaufen . . . sofern ihre Mittel es ihr gestatten. Auf einen gewissen Lebensstandard aber wird sie nur ungern verzichten.

Die Axt. Diese beiden Intellektuellen haben einander viel zu sagen, und ohne den Snobismus der Lanze wäre es noch mehr. Eine gescheiterte Lanze kann eine gute Axt sein.

Die Kette. Das Geld und der Snobismus vertragen sich gut, wobei einer den anderen noch anstachelt. Aber die Lanze muß auf der Hut sein. Geld ist die größte Versuchung für sie. Über die Kette kommt sie oft zu Fall. Sie bleibt nur in dem Maß Lanze, in dem sie ihren Beruf der Anhäufung von Reichtümern vorzieht.

Das Schwert. Sie sind sehr höflich zueinander . . . Eine Lanze mit guter Grundausbildung kann Schwert werden.

Die Schleuder. Gutes Einvernehmen. Es gibt unzählige Mediziner, Architekten und Professoren, die Schleuder geworden sind. Die Lanze braucht etwas mehr Uneigennützigkeit, ein bißchen weniger Snobismus und Abstand zur Macht, um Schleuder zu werden. Drei Vierteln von ihnen liegt jedoch gar nichts daran.

Der Bogen. Er überragt die Lanze, die ihn mit Ehren überhäuft, ganz entschieden. Eine Lanze kann Bogen werden, wenn sie ihre intellektuellen Fähigkeiten verfeinert. Manchmal genügt schon eine Idee, aber sie muß genial sein.

B

WENN DIE LANZE IHRE WAFFE DER ANKUNFT IST

Glückwunsch! Nicht jeder hat künstlerische Begabungen, Phantasie, ein Ideal oder Genie. Wenn Sie also Lanze geworden sind, versuchen Sie, es zu bleiben. Durch eigene Intelligenz und Willenskraft kann man nicht höher steigen. Lesen Sie dieses Kapitel, als wenn Sie unter dieser Waffe geboren worden wären.

Die Lanze und ihre Aszendent-Waffen

Bei der Lanze müssen die Kombinationen von 5 bis 12 variieren, und das ist schon beachtlich. Folglich kann die Lanze keine kurze Waffe als Aszendent-Waffe haben.

1. Waffe der Vorherbestimmung

Sie sollte sehr hoch sein. So bringt sie ihr die Begabungen und das Genie, die erforderlich sind, um die beiden letzten Sprossen zu erklimmen. Die Kette ist als Vorherbestimmungswaffe nicht günstig, denn sie ist ständig vom Geld bedroht . . . und das Zeichen der Waage bringt sie in ihrer Unentschlossenheit auch nicht weiter. Bei der Keule als Vorherbestimmungswaffe besteht die Gefahr, daß aus unserer Lanze ein annehmbarer Gentleman-Bauer wird.

2. Waffe der Neigung

Schleuder und Bogen wären ihr als Neigungswaffe zu wünschen, damit sie die nötigen schöpferischen Anlagen bekommt. Auch die Keule oder die Axt sind nicht schlecht. Die Neigung Schwert ist nicht zu empfehlen. Die Lanze als Waffe der Neigung wird sie auf ihrem Stand halten.

3. Waffe der Chancen

Selbst wenn sie sehr hoch ist, bringt sie der Lanze nicht viel . . . nur die Schwierigkeit, sich einen Namen zu machen. Man muß bei dieser Aszendent-Waffe schon Abstriche machen, sie aber gut auswählen. Der Morgenstern ist nicht gut für die Lanze (genauso wie das Schwert), und auch die Keule wird keine große Hilfe für sie sein. Bleibt noch die Axt. Und die ist ganz vortrefflich.

Die schlechteste Kombination für die Lanze ist:

8 + 9 + 12 (Kette als Waffe der Vorherbestimmung + Schwert als Waffe der Neigung + Bogen als Waffe der Chancen).

Die beste Kombination ist:

12 + 12 + 7 (Bogen als Waffe der Vorherbestimmung + Bogen als Waffe der Neigung + Neigung als Waffe der Chancen).

Die Lanze

▶ Ist ihre Waffe der Vorherbestimmung

Der Morgenstern: Das Glück lacht der Lanze nicht gerade oft.

Die Keule: Das Land streckt die Arme nach der Lanze aus. Wird sie sich hineinwerfen?

Die Axt: O weh! Die Lanze wird ständig in Widerstreit mit ihrer Bestimmung stehen, und unablässig werden kleine berufliche Enttäuschungen ihre Zukunft verdunkeln.

Die Kette: Fortuna wird der Lanze lachen. Ein bißchen zuviel! Wenn sie nur nicht auf den Gesang der Sirenen hört!

Das Schwert: Sein wohlgegliedertes Lanzen-Universum könnte sie an etwas Disziplin gewöhnen.

Die Lanze: Status quo.

Die Schleuder: Die große Lebensart, das große Glück! Die Lanze sollte es als Sprungbrett nutzen.

Der Bogen: Glück auf der ganzen Linie. Die Lanze sollte nicht zögern, »große Dinge« zu unternehmen. Ihr wird alles gelingen.

▸ Ist ihre Waffe der Neigung

Der Morgenstern: Dieser Ehrgeiz ist nur kurzlebig, kann die Lanze aber zerbrechen — und dann ist sie unbrauchbar.

Die Keule: Die Versuchung durch das Glück. Die Lanze läuft Gefahr, ihm — zu Recht oder zu Unrecht — ihre Karriere zu opfern.

Die Axt: Diese Lanze ist nicht ganz so snobistisch; sie wird kein schlechtes Pferd sein. Mit genügend Begeisterung kann sie auf den Sprossen höhersteigen. Nur zu vertrauensselig darf sie nicht sein!

Die Kette: Das Geld zieht die Lanze an. Sie träumt davon, es anzuhäufen. Es ist keine Fata Morgana . . . Sie droht auf den Stand der Kette »zurückzufallen«.

Das Schwert: Es hilft der Lanze nur selten, Schleuder oder Bogen zu werden. Aber das Schwert kann die Lanze durch seine Willensstärke gegen Gott und die Welt unterstützen. Diese Lanze wird ein wenig streng sein und mit der Macht liebäugeln.

Die Lanze: Das ist sehr gut für sie und für die anderen, denn der Umgang mit ihr wird angenehm sein.

Die Schleuder: Mit einem Fünkchen Genie kann die Lanze Bogen werden.

Der Bogen: Das ist noch besser! Sie ist eine große Dame. Nichts und niemand kann dieser Lanze widerstehen.

▶ Ist ihre Waffe der Chancen

Der Morgenstern: Es gibt immer wieder Mißverständnisse. Aber die Lanze wird damit fertig werden.

Die Keule: Die Eltern der Lanze werden über deren Gewandtheit genauso erstaunt sein wie ein Huhn, das eine Ente ausgebrütet hat.

Die Axt: Die Lanze kann blind auf ihre Eltern zählen, selbst dann, wenn ihnen die Mittel fehlen.

Die Kette: Sie stellt sich den freien Berufen (und auch den anderen Berufen der Lanze) nicht entgegen. Ihre Eltern werden es gern sehen, wenn die Lanze Lanze bleibt, und jedem weiteren Aufstieg, sei es auf künstlerischem oder wissenschaftlichem Gebiet, mit Mißtrauen begegnen. Idealismus ist auch nicht gerade ihre Stärke: Sie meinen, daß die vielen Tätigkeiten der Lanze einen besorgniserregenden üblen Beigeschmack von Selbstlosigkeit . . . und Verderben haben.

Das Schwert: Die Eltern sind mit der Lanze zufrieden, aber sie beunruhigt sie ein wenig.

Die Lanze: Die Richtung ist gut. Für Ärzte, Notare, Apotheker, Anwälte, Architekten usw. ist es immer gut, ein Goldsöhnchen in der Hinterhand zu haben. Nicht mechanisch in diese Falle tappen! Lieber etwas Höheres anstreben als das, was Papa studiert hat.

Die Schleuder: Ja und nein . . . die Eltern der Lanze sind manchmal Miesmacher.

Der Bogen: Das ist nicht toll. Da sie von frühester Jugend unter dem Einfluß ihrer Eltern steht, wird die Lanze sich nicht anstrengen und folglich Gefahr laufen, einige Sprossen hinunterzustürzen.

3. KAPITEL

DIE SCHLEUDER

Die perfektionierte Steinschleuder ist eine furchtbare Waffe. Sie reicht sehr weit, und wenn Sie Schleuder sind, ist Ihre Einflußsphäre schon recht groß. Da diese Waffe auf kurze Entfernungen keinerlei Nutzen hat, können wir Ihnen nur raten, Distanz zu wahren.

A

WENN DIE SCHLEUDER IHRE WAFFE DES AUFBRUCHS IST

Die Schleuder ist zwar kreativ und idealistisch, voller Phantasie, intelligent und selbstlos, altruistisch und ein wenig geheimnisvoll, in erster Linie aber ist sie mißvergnügt und unzufrieden. So sagt es auch im Französischen schon ihr Name: *fronde* = Schleuder = Unzufriedenheit.

Sie nützt ihre Möglichkeiten nicht immer aus, denn sie wird ständig von Selbstzweifeln geplagt und weiß sich nicht ins rechte Licht zu setzen. Ihr Scharfblick macht sie befangen.

Die Schleuder macht keine Zugeständnisse und haßt den Kompromiß. Ihre Kunst, ihre Schriften, ihre Forschungen oder ihr Ideal kann man anerkennen oder auch nicht. Folglich erkennt man sie — trotz ihrer Verdienste — oft nicht an ...

Widerstand gegen die bestehende Ordnung ist nicht Sache der Schleuder. Dieses strenge Befolgen der Gesetze schränkt ihre Einflußsphäre ein. Das ist ihr gleich. Vor allem will sie sich selbst treu bleiben, auch auf Kosten ihres Erfolges.

Und so kommt es, daß ihr Ruhm, so er denn vorhanden ist, geographisch begrenzt sein wird. Da sie stolz, anständig und uneigennützig ist, wird die Schleuder sich damit zufriedengeben. Sie braucht in der Tat keinen Komfort, Geld reizt sie nicht — sie kann auf beides leicht verzichten. Sie ist ein verbummeltes Genie. Während sie zu Lebzeiten oft verkannt wird, kommt es nicht selten vor, daß sie, wenn ihre Begabung groß genug ist, berühmt und damit Bogen wird ... wenn sie schon unter der Erde liegt.

Es passiert ihr häufig, daß sie in Liebe entbrennt, denn sie ist sehr gefühlsbetont und leidenschaftlich und setzt sich in der Liebe wie in ihrer Arbeit voll ein. Sie gibt zwar viel von sich selbst, verlangt aber noch mehr für sich, und das geht nicht ohne so manche Enttäuschung ab. Ihr Gefühlsleben wird oft abwechslungsreich sein und ihr Sexualleben voller Aktivität.

Die anderen Waffen und die Schleuder

Das Messer. Es mag die Schleuder gern und kann sie auch erkennen. Sie aber muß auf der Hut sein: Vom Bohémien zum Clochard ist nur ein Schritt.

Der Dolch. Das ist keine wahnsinnige Liebe. Die Schleuder schockiert ihn. Die Schleuder kann zum Dolch »zurückfallen«.

Das Langmesser. Es macht sich über die Schleuder lustig und behandelt sie als »Eigenbrötlerin«. Die Schleuder kann nicht Langmesser werden.

Der arabische Dolch. Er sucht die Gesellschaft der Schleuder und gefällt sich darin. Er stellt keine Gefahr für sie dar.

Der Morgenstern. Sie haben nichts gemein.

Die Keule. Sie mag die Schleuder, stellt das aber nicht immer unter Beweis: Jene stört ihre Ruhe. Eine Schleuder kann Keule werden.

Die Axt. Ein sehr gutes Einvernehmen. Die Schleuder kann Axt werden, wie die Axt Schleuder.

Die Kette. Sie würde gern mit der Schleuder verkehren, ist aber auch eine Gefahr für sie. Eine kleine Schwäche für das Geld, und fertig ist die »angekettete« Schleuder. Wenn sie versucht, Bogen zu werden, kann sich die Schleuder — macht sie auch nur ein winziges Zugeständnis, um reich zu werden und nicht, um ihren Einfluß auszudehnen, — als Kette wiederfinden: gekauft, reich und vielleicht sogar zufrieden.

Das Schwert. Völlige Unverträglichkeit der Temperamente. Um wieviel leichter würde es die Schleuder zu etwas bringen, wenn sie ein paar Zugeständnisse machte.

Die Lanze. Alles geht gut. Lanze zu werden hat für die Schleuder nichts Unehrenhaftes. Lanze zu werden oder wieder zu werden . . .

Der Bogen. Sie sind vom selben Blut. Die Schleuder kann auf jeden Fall hoffen, Bogen zu werden, da sie die Stufe ist, über die man auf dem Weg zum Bogen unbedingt gehen muß.

B

WENN DIE SCHLEUDER IHRE
WAFFE DER ANKUNFT IST

Sie sind Schleuder geworden, wenn Sie als Schriftsteller, Künstler, Wissenschaftler, Politiker usw. noch keine große Gemeinde gefunden haben und nur in Fachkreisen bekannt sind. Jetzt können sich alle Hoffnungen erfüllen. Mit ein paar Zugeständnissen, etwas mehr innerer Kraft und Genie werden Sie zum Bogen.

Bleiben Sie aber uneigennützig, sonst könnten Sie Kette werden.

Und vergessen Sie auf keinen Fall, daß jemand, der im Verlauf seines Lebens Schleuder gewesen ist, als Axt endet — selbst wenn er die Partie verloren hat. Das gilt aber nur, wenn er nicht den Stand der Keule gewählt hat, oder wenn er in seiner Geldgier nicht ein Vermögen angehäuft hat und Kette geworden ist. Auch wenn es so aussehen mag — er kann nicht Dolch, Langmesser, arabischer Dolch oder Morgenstern geworden sein. Beim Messer ist das leider nicht auszuschließen. Das Messer ist manchmal dem Bogen so nahe . . . Wenn Sie Schleuder geworden sind, lesen Sie dieses Kapitel: Es betrifft den Charakter, den Sie jetzt haben.

Die Schleuder und ihre Aszendent-Waffen

Die Schleuder kann keine tieferen Aszendent-Waffen haben als die Kette. Wir sind hier ganz hoch oben. Die Kombinationen gehen von 8 bis 12. Das ist durchaus logisch, wenn man bedenkt, daß die meisten Menschen eine mittlere Waffe des Aufbruchs haben. Jedenfalls kann keine Kombination wirklich schlecht sein.

1. Waffe der Vorherbestimmung

Von 8 bis 12 sind die Risiken nicht groß ... Die Vorherbestimmung zum Geld (Kette) ist aber nicht günstig. Also höher zielen! Die Vorherbestimmung Schwert kann anregend wirken — es wäre für die Schleuder gut, wenn sie der Macht gegenüber Konzessionen machte.

2. Waffe der Neigung

Vorsicht! Hier wird die Partie gewonnen oder verloren. Die Neigungen Kette und Schwert sind sehr schlecht und lassen für die Zukunft der Schleuder nichts Gutes ahnen. Die Neigungen Schleuder und Bogen dagegen öffnen ihr alle Türen.

3. Waffe der Chancen

Es wäre gut, wenn sie hoch wäre ... was im übrigen ohne jedes Opfer möglich ist. Die Kette bringt oft Verderben, und das Schwert hat eine hemmende Wirkung. Die Schleuder versteht die Schleuder besser als der Bogen.

Die schlechteste Kombination für die Schleuder ist:

12 + 8 + 12 (Bogen als Waffe der Vorherbestimmung + Kette als Waffe der Neigung + Bogen als Waffe der Chancen).

Die beste Kombination ist:

12 + 11 + 11 (Bogen als Waffe der Vorherbestimmung + Schleuder als Waffe der Neigung + Schleuder als Waffe der Chancen).

Die Schleuder

▸ Ist ihre Waffe der Vorherbestimmung

Die Kette: Die Schleuder wird reich sein ... auf Kosten ihrer schöpferischen Begabung. Die Kette stellt eine Bedrohung für sie dar.

Das Schwert: Es kann ausgezeichnet für die Schleuder sein, wenn die Regierung auf sie hört. Ihre ständigen Mißgriffe wird man ihr verzeihen.

Die Lanze: Nichts wirklich Aufregendes. Diese Vorherbestimmung bringt der Schleuder nichts ein.

Die Schleuder: Daraus wird sie sich nicht befreien können . . . aber das ist auch gar nicht schlecht.

Der Bogen: Die Schleuder kann diese letzte Sprosse ohne Mühe erklimmen.

▶ Ist ihre Waffe der Neigung

Die Kette: Diese Schleuder ist auf Profit erpicht und läuft so Gefahr, zur Kette »abzusteigen«. Sie wird ihr eigenes Haus haben und Gegenstand der Bewunderung ihrer Nachbarn sein. Hoffen wir, daß sie dieser Versuchung widerstehen kann.

Das Schwert: Die Schleuder wird ihr Leben damit verbringen mit sich selbst im Widerstreit zu liegen, und ist in Gefahr, sich dabei erfolglos zu verausgaben.

Die Lanze: Das ist sehr gut. Ein Faktor der Ausgewogenheit.

Die Schleuder: Die Reinheit in Person. Die Schleuder wird wohl oft das Nachsehen haben.

Der Bogen: Ausgezeichnet. Die Schleuder wird es weit bringen.

▶ Ist ihre Waffe der Chancen

Die Kette: Der Nonkonformismus der Schleuder schockiert

ihre Eltern, sie dagegen verachtet deren bürgerliche Seite. Sie werden also ständig entgegengesetzter Meinung sein. Wird die Schleuder sich von der Sicherheit in Versuchung bringen lassen?

Das Schwert: Das wird hart werden. Die Eltern der Schleuder werden bestimmt ärgerlich werden, vor ihr die Tür verschließen . . . und sie ihr wieder öffnen, wenn sie zum Bogen wird.

Die Lanze: Keine Probleme. Die Eltern verstehen die Schleuder, helfen ihr und schieben sie stetig vorwärts.

Die Schleuder: Auch diese Eltern verstehen sie sehr gut und helfen ihr; sie sind Bundesgenossen. Unglücklicherweise unterstützen solche Eltern die Schleuder nur, wenn sie nicht aus ihren familiären Kreisen ausbricht. Der Bogen streckt die Hände nach ihr aus. Da soll sie sich nur ja nicht um die familiäre Strenge scheren.

Der Bogen: Die Schleuder sollte sich durch den Erfolg ihrer Eltern nicht mit Komplexen beladen lassen. Diese Waffe der Chancen könnte für sie verderblich sein.

4. KAPITEL

DER BOGEN

Diese Waffe, die in Europa bis ins 16. Jahrhundert im Gebrauch war, wird von manchen Völkern noch heute benutzt. Sie verlangt zugleich Kraft und Geschicklichkeit. Sie kann die entferntesten Ziele treffen. Sie symbolisiert Kraft, Gewandtheit und Ausstrahlung.

A

WENN DER BOGEN IHRE WAFFE DES AUFBRUCHS IST

Wenn Sie im Zeichen Schütze geboren wurden, Ihre Eltern berühmt sind und Ihr Geburtsort mehr als fünf Millionen Einwohner hat, sind Sie als Bogen geboren und haben alle Chancen auf Ihrer Seite. Man muß dazu sagen, daß dies selten vorkommt, aber man wird dann von Ihnen in der Zeitung lesen, wenn Sie noch ein Wickelkind sind. Sie müssen sich nur noch selbst einen Namen machen. Das wird übrigens nicht leicht sein. Da Sie nicht höher aufsteigen können, sind Sie in Gefahr, wieder abzusteigen.

Stark und geschickt — so ist der Bogen. Dazu sehr intelligent und eigenwillig. Im Gegensatz zur unbeholfenen Schleuder will und kann er gefallen, ohne dafür auch nur einen Zoll seiner Persönlichkeit aufzugeben. Vom Bogen geht eine Anziehungskraft aus, der sich niemand entziehen kann. Stets ist er begabt, manchmal sogar genial. Anders als die Schleuder, seine arme Verwandte, schätzt er die Tragweite seiner Handlungen immer ab, und seine Pfeile treffen ihr Ziel. Der Bogen hat im übrigen den festen Willen, ein klar umrissenes Ziel zu erreichen. Er schießt nicht darauf los. Er zielt sorgfältig. Sein Verstand ist beweglich genug, das Wesentliche zu erfassen und anzupacken.

Da der Bogen sehr brillant ist, leuchtet er, nimmt Einfluß und hat eine starke Ausstrahlung. Es ist der Mensch in seiner höchsten Entfaltung. Er ist voller Klarheit, Selbstlosigkeit und . . . Zärtlichkeit. Seine Moralvorstellungen entsprechen nicht den menschlichen Maßstäben; man versteht ihn auch nicht immer — aber man bewundert ihn.

Das Gefühlsleben des Bogens ist oft rastlos und leidenschaftlich. Aber er kann auch der Mensch mit einer einzigen Liebe sein. Sexuelle Ausschweifungen tasten seine Reinheit überhaupt nicht an. Sein Leben lang wird er in seinem Innern einen ungeheuren Kampf führen, aus dem er unbedingt als Sieger hervorgehen muß, wenn er Bogen bleiben will. Aber ach! nur ganz wenige der als Bogen Geborenen bleiben auch Bogen.

Die anderen Waffen und der Bogen

Das Messer. Natürlich hat es vom Bogen gehört. Aber es zieht die Schleuder vor, weil sie ihm nähersteht. Ein Bogen wird nur selten Messer, aber möglich ist es. Messer zu sein, entspricht manchmal einer bestimmten Lebensanschauung, und man kann Bogen sein, auch wenn man Messer zu sein scheint (Jesus Christus, Sokrates usw.).

Der Dolch. Er hat nicht unbedingt etwas vom Bogen gehört, außer wenn gewisse Zeitungen, die seine Lieblingslektüre sind, von ihm berichtet haben. Es ist ausgeschlossen, daß ein Bogen Dolch wird. Seine Familie wird ihn ganz schnell von dieser schlimmen Stufe entfernen.

Das Langmesser. Es bevorzugt Sportveranstaltungen. Ein Bogen wird nicht Langmesser.

Der arabische Dolch. Er spricht ganz vertraut mit dem Bogen und bewundert ihn blind. Er stellt auf keinen Fall eine Bedrohung für ihn dar.

Der Morgenstern. Er kennt den Bogen nur flüchtig, dieser interessiert ihn aber auch nicht. Auch er ist keine Gefahr für den Bogen, der ihm allzu fern ist.

Die Keule. Sie bewundert den Bogen von weitem. Sein Ansehen hindert sie nicht daran, auch seine Fehler zu sehen. Dennoch ist sie für ihn gefährlich, denn er tritt ihr gern zu nahe . . .

Die Axt. Sie verehrt den Bogen. Sie ist es, die seinen Briefkasten füllt.

Die Kette. Sie fühlt sich geschmeichelt, daß sie den Bogen kennt, und spricht oft mit ihm wie mit ihresgleichen. Aber sie bedroht ihn, sie ist die Versuchung. Der Bogen wird, mehr als die Schleuder, immer dazu neigen, spießbürgerlich zu werden, und das um so mehr, wenn ihm das Glück winkt.

Das Schwert. Sie sind einander recht nahe und haben manchmal Sympathie füreinander. Der Bogen muß nur aufpassen, daß man ihm nicht zu nahe kommt. Das Schwert kann ihn zum Absturz bringen, und dann fällt er nicht unbedingt in dessen Kreise.

Die Lanze. Ihr Traum wäre es, den Bogen beim Vornamen zu nennen und ihn zu duzen. Manchmal gelingt ihr das. Ein Bogen, der nicht trifft, kann leicht zur Lanze werden.

Die Schleuder. Selbst wenn sie den Bogen nicht immer billigt und ihn insgeheim ein wenig beneidet, so will sie ihm doch nichts Böses. Seine Anhänger nimmt der Bogen stets aus ihren Reihen. Ein »Abstieg« zur Schleuder ist möglich, aber die Bogen-Geborenen fallen oft viel tiefer . . .

B

WENN DER BOGEN IHRE WAFFE DER ANKUNFT IST

Wenn Sie berühmt geworden sind und weltweit Einfluß haben, dann sind Sie Bogen. Lesen Sie dieses Kapitel, um Ihre erworbenen Charakterzüge kennenzulernen.

Aber Vorsicht! Es handelt sich um künstlerische, intellektuelle oder von einem Ideal bestimmte Einflüsse. Berühmtheit allein genügt nicht: Sie können ein internationaler Filmstar, eine Sportgröße oder ein Milliardär sein, ohne daß Sie deswegen Bogen sind, selbst wenn Ihr Bild in allen Zeitungen der Welt zu sehen ist. Dagegen können bestimmte Architekten, Mediziner, Anwälte und Prediger durchaus Bogen sein. Dazu brauchen sie schöpferische Kraft oder ein Ideal, Selbstlosigkeit und Intelligenz, und sie müssen auf geistigem Gebiet Einfluß auf die Welt nehmen.

Um Bogen zu werden, müssen Sie Abstand wahren. Die anderen Waffen werden stets versucht sein, Sie zu zerstören, wenn Sie ihnen ganz nahe sind. Halten Sie sich weit genug entfernt, dann sind Sie und die Schleuder Herr der Situation.

Der Bogen und seine Aszendent-Waffen

Als Aszendenten kann der Bogen nur die Schleuder oder den Bogen haben. Es kommt jedoch wirklich selten vor, daß man den Bogen als Waffe des Aufbruchs hat, und es ist sogar die Frage, ob dies tatsächlich eine Chance ist. Für niemand ist es gut, wenn es ihm im Leben zu leicht gemacht wird.

1. Waffe der Vorherbestimmung

Sicher ist der Bogen günstig, aber die Schleuder ist besser als drei Bogen.

2. Waffe der Neigung

Alles in allem ist es am besten, wenn er die Neigung hat, Bogen zu bleiben. Doch auch hier gilt: Lieber die Schleuder als drei Bogen.

3. Waffe der Chancen

Sie ist es, die für uns eine Überraschung bereit hat. Ganz im Gegensatz zu den anderen Waffen, die alle ein Interesse daran haben (in ihren Grenzen) die höchstmögliche Punktzahl zu sammeln, ist es für jemand, der als Bogen geboren wurde, in der Tat von Vorteil, wenn er mit einer Schwierigkeit konfrontiert wird, und sei sie auch noch so klein. Eltern zu haben, die Bogen sind, ist nicht wünschenswert: Hier wird es kein echtes Wetteifern geben. Eltern zu haben, die Schleuder sind, ist das Ideale für Bogen-Geborene. Ihr Leben lang werden sie versuchen, jene zu übertreffen, und folglich werden die Chancen größer sein, daß sie Bogen bleiben. Vergessen wir aber auf keinen Fall, daß es sehr gefährlich ist, als Bogen geboren zu sein — entweder kann man sich auf diesem Stand behaupten, oder man stürzt ab.

Die weniger günstige Kombination für den Bogen ist: 12 + 12 + 12 (Bogen als Waffe der Vorherbestimmung + Bogen als Waffe der Neigung + Bogen als Waffe der Chancen).

Die beste Kombination ist: 12 + 12 + 11 (Bogen als Waffe der Vorherbestimmung + Bogen als Waffe der Neigung + Schleuder als Waffe der Chancen).

Der Bogen

▶ Ist seine Waffe der Vorherbestimmung

Die Schleuder: Da kann eigentlich gar nichts schiefgehen — er muß Bogen bleiben.

Der Bogen: Es wird überhaupt keine Schwierigkeiten geben. Er wird ganz nach oben fliegen.

▶ Ist seine Waffe der Neigung

Die Schleuder: Ein sympathischer Bogen, der ein wenig aufrührerisches Blut hat. Er ist sehr unkonventionell und risikofreudig. Vorsicht!

Der Bogen: Keine Probleme. Zufrieden mit sich und seinem Geschick, allzu zufrieden sogar, läuft dieser Bogen Gefahr, auf seinen Lorbeeren einzuschlafen.

▶ Ist seine Waffe der Chancen

Die Schleuder: Der Bogen wird auf jeden Fall die Genugtuung haben, daß er seine Eltern in Erstaunen versetzt. Das wird ihm Auftrieb geben.

Der Bogen: Das ist nicht wünschenswert. Der Bogen wird sich ranhalten müssen, wenn er Bogen bleiben will, und er wird immer mit der fixen Idee leben, er könnte seine Eltern enttäuschen.

FÜNFTER TEIL

Beispiele

Wir haben, weil es uns von Interesse schien, einige Beispiele zusammengestellt, wobei wir von den Waffen der Ankunft ausgegangen sind, aber auch die Tatsache berücksichtigt haben, daß diese Waffen der Ankunft sich noch weiterentwickeln können und erst mit dem Tod (oder dem Ruhestand) endgültig werden. Die Waffe der Ankunft eines jungen Menschen ist selbstverständlich *immer* provisorisch und nur auf Zeit.

I. WAFFE DER ANKUNFT: MESSER

Aus einleuchtenden Gründen nennen wir hier nur die Vornamen dieser pittoresken Personen.

1. *Marcou ist ein Dorfkretin.*

— Vorherbestimmung: geboren im Zeichen Krebs = Langmesser (3).
— Neigung: in Meyrueis (896 Einwohner) = Dolch (2).
— Chancen: Die Eltern sind wohl den Schrotthändlern zuzurechnen = Langmesser (3).

   3 + 2 + 3 = 8; 8 : 3 = 2,66 = *Langmesser*

Obwohl er als Langmesser geboren wurde, war er doch schon Messer. Das könnte man ein Unglückszeichen nennen. Aber sein Geburtszeichen war auch nicht sehr hoch.

Wir müssen jedoch anmerken, daß manche, die durch ein Unglück Messer sind, ohne ihr Gebrechen wohl hätten »aufsteigen« können. Man kann in der Tat Eltern haben, die Lanze sind, unter dem Zeichen des Schützen in einer Großstadt geboren sein und trotzdem einen geistigen Defekt haben. Das ist um so trauriger, wenn man sich vorstellt, was aus diesem Menschen hätte werden können, wenn er nicht durch so ein Unglück gestraft wäre.

2. *Sunil ist Bettler.*

— Vorherbestimmung: geboren im Zeichen Löwe = Schwert (9).
— Neigung: in einem kleinen Fischerhafen (400 Einwohner) = Messer (1).
— Chancen: Sein Vater war Fischer = Langmesser (3).

   9 + 1 + 3 = 13; 13 : 3 = 4,33 = *Arabischer Dolch*

Er wurde als arabischer Dolch geboren, nun ist er Messer

— das kommt oft vor. In der Marine hätte er Admiral werden können, denn seine Vorherbestimmung war das Schwert, aber — so sagt er selbst: »Ich kann das Meer nicht ausstehen!« Zur Zeit treibt er sich auf den Schutthalden in der Nähe von Bobigny herum. Er scheint nicht unglücklich zu sein. Seine Neigung zum Messer sollte ihm hier sehr zugute kommen!

3. Fräulein Corinne übt das älteste Gewerbe der Welt aus.

— Vorherbestimmung: geboren im Zeichen Widder = Dolch (2).
— Neigung: in Saint-Quentin (62.759 Einwohner) = Keule (6).
— Chancen: Ihre unverheiratete Mutter war Textilarbeiterin = Langmesser (3).

$2 + 6 + 3 = 11; 11 : 3 = 3,66 = $ *Arabischer Dolch*

Fräulein Corinne wurde als arabischer Dolch, aber mit der schlechtesten Kombination dieses Zeichens geboren, und so ist sie zum Messer »abgesunken«. Wir sind ihr auf dem Strich begegnet. Sie ist noch sehr jung, und so geben wir die Hoffnung nicht auf, daß sie vielleicht einige Sprossen hinaufklettern könnte . . . aber sie zieht ihren Stand ganz sicher dem des Langmessers vor, der für sie jedoch erreichbar ist (sie hat eine Schneiderlehre gemacht). Sie würde gern Kette werden. Wünschen wir ihr viel Glück.

II. WAFFE DER ANKUNFT: DOLCH

Um sie nicht in Verlegenheit zu bringen, nennen wir unsere Dolche nur beim Vornamen.

1. Emilia ist Hausangestellte.

— Vorherbestimmung: geboren im Zeichen Steinbock = Lanze (10).

— Neigung: in Boticas, Portugal (3000 Einwohner) = Langmesser (3).

— Chancen: Ihr Vater hatte ein kleines Stück Land, das er bebaute, und es ging ihm wohl relativ gut. Er starb, als Emilia 14 Jahre alt war; ihre Mutter verpachtete das Land. Die Familie zerstreute sich. Man kann einen Mittelwert aus dem Zeichen des Vaters: Keule (6), und dem der Mutter: Dolch (2), annehmen:

$6 + 2 = 8; 8 : 2 = 4 = $ *arabischer Dolch* (4).
$10 + 3 + 4 = 17; 17 : 3 = 5,66 = $ *Keule*

Dank ihrer Waffe der Vorherbestimmung ist Emilia als Keule geboren, aber unglücklicherweise hat sie die Neigungen des Langmessers. Sie wird sich nicht anstrengen. Und der arabische Dolch wird auch nicht an die Zukunft denken (ihre Mutter ist ja nun mal Dolch). Ihre Waffe der Vorherbestimmung ist zwar die Lanze, aber . . . Kurzum, ihre Chancen, sich weiter nach oben zu arbeiten, sind nicht sehr groß. Aber sie ist noch sehr jung . . . und intelligent.

2. Antonio ist Hilfsarbeiter.

— Vorherbestimmung: geboren im Zeichen Zwillinge = Morgenstern (5).

— Neigung: in Eiro, Portugal (1000 Einwohner) = Dolch (2).

— Chancen: Der Vater war Maurer = Langmesser (3).

5 + 2 + 3 = 10; 10 : 3 = 3,33 = *Langmesser*

Antonio wurde als Langmesser geboren, ist aber abgestiegen. Er müßte jedoch Langmesser werden können, denn seine Dolch-Neigungen sind anregend genug, um diesen Langmesser-Geborenen voranzuschieben. Er ist sehr jung . . . und die Zukunft liegt noch vor ihm.

3. Aimé ist Berufssoldat (er hat sich freiwillig verpflichtet).

— Vorherbestimmung: geboren im Zeichen Jungfrau = Messer (1).

— Neigung: in einem kleinen Dorf in der Bretagne (300 Einwohner) = Messer (1).

— Chancen: Seine Eltern waren Trinker und überließen ihn der Sozialfürsorge. Nur seine Mutter war bekannt. Nehmen wir einen Mittelwert von seinen Eltern: Messer (1) und der Sozialfürsorge: Axt (7)

7 + 1 = 8; 8 : 2 = 4 = arabischer Dolch (4).

1 + 1 + 4 = 6; 6 : 3 = 2 = *Dolch*

Aimé wurde als Dolch geboren und ist es geblieben. Er gehört leider zu den Fällen, in denen die staatliche Fürsorge, obwohl sie sich sehr bemüht, nicht viel ausrichten kann . . . besonders dann nicht, wenn die Vorherbestimmung Messer ist, die Neigung Messer (Faulheit) und noch ein Messer als Erbgut hinzukommt! Was die Chancen betrifft, die der arabische Dolch bringt, so glauben wir für einen Dolch-Geborenen kaum daran.

III. WAFFE DER ANKUNFT: LANGMESSER

Obwohl sie dem Temperament nach kurze Waffen sind, ist ihr Stand doch so ehrenwert, daß wir uns erlaubt haben, ihre Namen fast immer anzugeben.

1. *Frau Sinigalia ist eine Krämersfrau.*

— Vorherbestimmung: geboren im Zeichen Waage = Kette (8).
— Neigung: in der Grande-Paroisse, S. et M. (2000 Einwohner) = Dolch (2).
— Chancen: Der Vater war Bäckergeselle = Langmesser (3).

8 + 2 + 3 = 13; 13 : 3 = 4,33 = *arabischer Dolch*

Frau Sinigalia ist als arabischer Dolch geboren und dann »abgestiegen«. Das ist selten, aber ihre Waffe der Chancen ist auch ziemlich schlecht. Dennoch können wir hoffen, daß sie einmal Kette wird. Die Vorherbestimmung Kette ist ausgezeichnet, und die Neigungen des Dolches sind auch nicht schlecht . . . Wenn man Kette ist, so läßt das im übrigen oft auf einen verhältnismäßig zufriedenen Seelenzustand schließen.

2. *Herr André M. ist Anstreicher und Dekorateur.*

— Vorherbestimmung: geboren im Zeichen Widder = Dolch (2).
— Neigung: in Paris (mehr als 5 Millionen Einwohner) = Bogen (12).
— Chancen: Der Vater war ebenfalls Maler und Dekorateur = Langmesser (3).

$2 + 12 + 3 = 17; 17 : 3 = 5,66 = $ *Keule*

Herr André M. wurde als Keule geboren und ist zum Langmesser »abgestiegen«. Das ist nicht verwunderlich. Ein Hauptmerkmal der Keule ist, daß sie um jeden Preis ihre Ruhe haben will. Das ist auch ein Kennzeichen des Langmessers, das ja seine Waffe der Chancen ist. Die Neigung zum Bogen bringt ihm folglich nur wie im Schlaf ihre Gaben. Wir haben den Eindruck, daß André M. noch Kette werden kann, wenn er es nicht schon geworden ist. Er wird Erfolg haben und reich werden.

3. Christine Lefèvre ist Telefonistin.

— Vorherbestimmung: geboren im Zeichen Widder = Dolch (2).
— Neigung: in Paris = Bogen (12).
— Chancen: Ihr Vater ist das, was man als leitenden Angestellten bezeichnet = Lanze (10).

$2 + 12 + 10 = 24; 24 : 3 = 8 = $ *Kette*

Christine wurde als Kette geboren und ist jetzt mit 23 Jahren, Telefonistin. Wir wissen aber, daß sie eine recht gründliche Ausbildung hinter sich hat, und ihre Bogen-Neigungen sind sehr stark. Die Langmesser sind für sie nur eine Durchgangsstufe. Wir glauben, daß sie Lanze oder sogar Schleuder werden kann.

IV. WAFFE DER ANKUNFT: ARABISCHER DOLCH

Ihre Namen können nicht immer vollständig genannt werden.

1. *Claude P. lebt von Gelegenheitsjobs.*

— Vorherbestimmung: geboren im Zeichen Krebs = Langmesser (3).
— Neigung: in Nancy (127.700 Einwohner) = Axt (7).
— Chancen: Der Vater war Soldat, Morgenstern (5), und starb, als Claude 11 Jahre alt war. Seine Mutter, die sich, so gut es ging, durchschlagen mußte, war arabischer Dolch (4). Der Mittelwert: 5 + 4 = 9; 9 : 2 = 4,5.
3 + 7 + 4,5 = 14,5; 14,5 : 3 = 4,83 = *Morgenstern*

Eine seltsame Mischung! Die Neigungen der Axt sind für den Morgenstern ausgezeichnet. Aber ach! wird er — bei aller Intelligenz und allem guten Willen — etwas daraus machen können? Er ist arabischer Dolch geworden und naiv, idealistisch (Axt) und pedantisch (Morgenstern) geblieben — verträgt sich das überhaupt miteinander? Ist es denn erstrebenswert?

2. *Jean-Pierre P. schlägt sich so durch.*

— Vorherbestimmung: geboren im Zeichen Widder = Dolch (2).
— Neigung: in Paris = Bogen (12).
— Chancen: Die Eltern sind geschieden. Ihn hat vor allem der Vater, der Schriftsetzer und Anarchist war, beeinflußt = Axt (7).
2 + 12 + 7 = 21; 21 : 3 = 7 = *Axt*

Obwohl er als Axt geboren wurde, finden wir ihn zu unserem Leidwesen als arabischen Dolch wieder — mit allem, was dieses Zeichen an Überraschungen mit sich bringt. Man kann mit allem rechnen . . . wenn nur seine Vorherbestimmung nicht so niedrig wäre. Er ist kein Autodidakt, doch er ist begabt. Vielleicht wird er Schauspieler (Axt), vielleicht gewinnt er im Spiel (Kette) oder wird sogar Schriftsteller, denn davon träumt er, und dazu hat er auch die Fähigkeiten (Schleuder).

3. Monique X. kommt irgendwie zurecht.

— Vorherbestimmung: geboren im Zeichen Löwe = Schwert (9).
— Neigung: in einem Dorf mit ca. 700 Einwohnern = Dolch (2).
— Chancen: Die Eltern sind Bauern = Keule (6).
  9 + 2 + 6 = 17; 17 : 3 = 5,66 = *Keule*

Monique X. glaubte »aufzusteigen« und ist doch »abgestiegen«. Das ist die Moral von der Geschichte . . .

> *Früher lebt' ich auf dem Land,*
> *hatt' ein Auge auf die Herden.*
> *Heute küßt man mir die Hand,*
> *und Lämmer mir gebraten werden.*

Vielleicht . . . aber wenn man die Kette aufs Korn nimmt, darf man nicht danebenschießen.

V. WAFFE DER ANKUNFT: MORGENSTERN

1. Giovanni Campo ist Carabiniere (italienischer Polizist).

— Vorherbestimmung: geboren im Zeichen Krebs — Langmesser (3).
— Neigung: in einem Dorf auf Sizilien mit mehr als 1000 Einwohnern = Dolch (2).
— Chancen: Der Vater war Steinmetz = Langmesser (3).
    3 + 2 + 3 = 8; 8 : 3 = 2,66 = *Langmesser*

Giovanni wurde als Langmesser geboren und ist jetzt arabischer Dolch. Er ist 25 Jahre alt. Er wird es noch zum Morgenstern bringen, was schon recht gut ist. Zweifellos verdankt er das den Dolch-Neigungen . . . denn bei Veränderungen kann er weder auf seine Waffe der Vorherbestimmung noch auf seine Waffe der Chancen zählen, die nur zufriedene Untätigkeit bedeuten.

2. Herr R. war Oberkellner (jetzt im Ruhestand).

— Vorherbestimmung: geboren im Zeichen Skorpion = arabischer Dolch (4).
— Neigung: in Ferreira, Italien (weniger als 1000 Einwohner) = Dolch (2).
— Chancen: Sein Vater war Maurer = Langmesser (3).
    4 + 2 + 3 = 9; 9 : 3 = 3 = *Langmesser*

Ein Langmesser, das »aufsteigt«, wird oft Morgenstern — und zwar ganz einfach deshalb, weil es gewissenhaft, fleißig und sparsam ist. Wenn es die Neigung zum Dolch hat, ist es ganz besonders fleißig.

3. Oberst B.

— Vorherbestimmung: geboren im Zeichen Skorpion = arabischer Dolch (4).
— Neigung: in Aydoilles (1000 Einwohner) = Dolch (2).
— Chancen: Sein Vater war Weinhändler = Langmesser (3).

$4 + 2 + 3 = 9; 9 : 3 = 3 = $ *Langmesser*

Er wurde als Langmesser geboren und hat dieselben Neigungen, dieselbe Vorherbestimmung und dieselbe Waffe der Chancen wie Herr R. (vorhergehendes Beispiel), und auch er ist Morgenstern geworden.

Hier sind also, ganz zufällig ausgewählt, drei Langmesser mit der Neigung Dolch, die Morgenstern geworden sind.

VI. WAFFE DER ANKUNFT: KEULE

1. Frau Guénaud ist Bäuerin.

— Vorherbestimmung: geboren im Zeichen Wassermann = Schleuder (11).
— Neigung: in Angervilliers (350 Einwohner) = Messer (1).
— Chancen: Die Eltern waren Landwirte = Keule (6).
  11 + 1 + 6 = 18; 18 : 3 = 6 = *Keule*

Frau Guénaud wurde als Keule geboren und ist es geblieben. Das ist sehr sympathisch. Sie sorgt sich mehr um ihre Familienangehörigen als um sich selbst, mehr um ihr Glück als um ihren Erfolg. Die Vorherbestimmung Schleuder ist günstig, aber sie muß auch etwas dafür tun. Vorsicht vor der Neigung Messer, die ihr ein bißchen zuviel Phantasie bringt. Was die Eltern, die Keule sind, betrifft, so gilt: »Kein Ehrgeiz, aber vielleicht das Glück.« Auf jeden Fall Ruhe, und genau die wünscht sich Frau Guénaud auch.

2. Odile Jeannel hat das Landleben gewählt.

— Vorherbestimmung: geboren im Zeichen Steinbock = Lanze (10).
— Neigung: in Paris = Bogen (12).
— Chancen: Der Vater war Ingenieur = Lanze (10).
  10 + 12 + 10 = 32; 32 : 3 = 10,66 = *Schleuder*

Odile Jeannel wurde als Schleuder geboren und hat die Wahl getroffen, in der Dordogne ihre Schafe zu hüten. Es heißt: »Eine Schleuder kann Keule werden.« Warten wir ab. Vergessen wir aber nicht, daß Odile einen schöpferischen Geist hat, der sie sehr hoch hinaustragen kann . . . selbst und sogar besonders dann, wenn sie auf dem Lande

lebt; denn das ermöglicht es ihrem Geist, zumal wenn er
aufsässig ist, sich abseits vom Lärm der Welt weiterzuent-
wickeln.

3. Herr Legendre ist Gutsbesitzer.

— Vorherbestimmung: geboren im Zeichen Widder =
   Dolch (2).
— Neigung: in Lorient (63.924 Einwohner) = Keule (6).
— Chancen: Seine Eltern waren Anwälte = Lanze (10).
   2 + 6 + 10 = 18; 18 : 3 = 6 = *Keule*

Mit den Neigungen der Keule als Keule geboren — was
hätte er Besseres werden können? Dennoch ist Maître Le-
gendre nach einem Rechtsstudium mit brillantem Ab-
schluß zuerst als Anwalt tätig gewesen. Dann aber hat er
sich jedoch lieber aufs Land zurückgezogen, um sich dem
Familienbesitz zu widmen. Er züchtet dort Pferde und ist
sehr glücklich; man könnte sogar sagen »überaus glücklich«. Das ist doch ein wunderbares Keulen-Leben!

VII. WAFFE DER ANKUNFT: AXT

1. Robert M. ist Lehrer.

— Vorherbestimmung: geboren im Zeichen Widder = Dolch (2).
— Neigung: in Antony (46.800 Einwohner) = Morgenstern (5).
— Chancen: Sein Vater war Auslieferungsfahrer, seine Mutter Milch- und Eierhändlerin = Langmesser (3).

   $2 + 5 + 3 = 10$; $10 : 3 = 3,33 = $ *Langmesser*

Wenn man als Langmesser geboren wurde und dann Axt wird, so ist das wirklich gut und auch recht selten. Er ist vier Stufen »hinaufgeklettert«, und das verdankt er zweifellos den ehrgeizigen Neigungen des Morgensterns . . . Von seinen Eltern wird er wohl nur wenig ermutigt; sie geben sich mit weniger zufrieden, wenn es nur Bestand hat. Wenn er noch höher hinaus will, muß er mit Umsicht vorgehen.

2. Marie-Claude ist Krankenschwester.

— Vorherbestimmung: geboren im Zeichen Steinbock = Lanze (10).
— Neigung: in Lyon (535.800 Einwohner) = Schwert (9).
— Chancen: Der Vater war Marineoffizier = Morgenstern (5).

   $10 + 9 + 5 = 24$; $24 : 3 = 8 = $ *Kette*

Marie-Claude wurde als Kette geboren und ist zur Axt »abgestiegen«. Kann man in diesem besonderen Fall aber davon sprechen, daß sie »abgestiegen« ist? Sie hat noch das ganze Leben vor sich, und um Lanze oder Schleuder zu werden, hat sie mit der Axt eine bessere Ausgangsposition als mit der Kette. Nur zu!

3. Martine Brochard ist Schauspielerin.

— Vorherbestimmung: geboren im Zeichen Widder = Dolch (2).
— Neigung: in Neuilly-sur-Seine (73.300 Einwohner) = Keule (6).
— Chancen: Die Eltern waren Innenarchitekten = Lanze (10).

   2 + 6 + 10 = 18; 18 : 3 = 6 = *Keule*

Wenn man als Keule mit der Neigung Keule geboren wurde, dann, Martine, muß man achtgeben, daß man nicht das Glück wählt (was noch nicht einmal so übel wäre). Aber die Keule ist so begabt — und die Lanze berät sie so gut ... Martine müßte schon noch einige Sprossen hochklettern.

4. Pater E. ist Dorfpfarrer

— Vorherbestimmung: geboren im Zeichen Skorpion = arabischer Dolch (4).
— Neigung: in Paris = Bogen (12).
— Chancen: Die Mutter handelte an den Quais mit Büchern und war von Berufs wegen »vergebildet« (wenn man das so sagen kann) = Axt (7).

   4 + 12 + 7 = 23; 23 : 3 = 7,66 = *Kette*

Pater E. ist Axt, obwohl er als Kette geboren wurde. Das ist sehr sympathisch und zeugt wohl von einem gewissen Idealismus (das ist für einen Priester ja auch das mindeste), und der kann ihn bis zur Schleuder führen ... besonders bei seinen Bogen-Neigungen, die ihn nach der Vollkommenheit streben lassen.

VIII. WAFFE DER ANKUNFT: KETTE

Wir nennen nicht immer den vollen Namen . . . aus Steuergründen.

1. Frau D. ist eine reiche Rentnerin.

— Vorherbestimmung: geboren im Zeichen Wassermann = Schleuder (11).
— Neigung: in Marsillargues (2800 Einwohner) = Langmesser (3).
— Chancen: Die Eltern waren beide Lehrer = Axt (7).

$11 + 3 + 7 = 21; 21 : 3 = 7 = Axt$

Frau D. wurde als Axt geboren und hat tatsächlich auch als Lehrerin begonnen. Durch eine reiche Heirat wurde sie zur Kette. Sie ist nur eine Stufe hinaufgeklettert. Dafür müssen zweifellos ihre Langmesser-Neigungen verantwortlich gemacht werden, die nach rückwärts gerichtet sind. Sie hätte bestimmt viel höher »steigen« können, denn es fehlte ihr nicht so sehr die Begabung als vielmehr Hilfe von außen.

2. Aristoteles Onassis.

— Vorherbestimmung: geboren im Zeichen Waage = Kette (8).
— Neigung: in Smyrna (370.900 Einwohner) = Schwert (9).
— Chancen: Seine Eltern waren mittellose Einwanderer = Dolch (2).

$8 + 9 + 2 = 19; 19 : 3 = 6,33 = Keule$

Aristoteles Onassis, der dank seiner Waffen der Neigung und der Vorherbestimmung als Keule geboren wurde, fing — wie es heißt — mit nichts an und hat letztendlich nur zwei Stufen erklommen. Mehr kann man bei der Kette aber auch nicht erreichen!...Es ist eine Art goldene Kette, und selbst der Käfig ist vergoldet.

3. Jackie Onassis ist die Ehefrau des milliardenschweren Reeders Onassis.

— Vorherbestimmung: geboren im Zeichen Waage = Kette (8).
— Neigung: im Hampton, U.S.A. (40.000 Einwohner) = Keule (6).
— Chancen: Der Vater war Börsenmakler = Kette (8).

$8 + 6 + 8 = 22; 22 : 3 = 7,33 = $ *Axt*

Jackie Onassis, die die Axt als Zeichen des Aufbruchs hat, wählte zuerst die Macht (Schwert) und dann das Geld (Kette). Und nun ist sie Kette und vielleicht sogar angekettet. Was Wunder bei zwei Ketten-Aszendenten! Der Ehrgeiz der Axt läßt sich aber niemals verleugnen. Warum nicht Schwert bleiben oder noch höher zielen? Eine Super-Kette wie Onassis ist immer mehr als nur eine Kette...Sie hat die ganze Zukunft noch vor sich und ist bestimmt noch für Knalleffekte gut.

IX. WAFFE DER ANKUNFT: SCHWERT

Sie werden wahrscheinlich nichts dagegen haben, hier genannt zu werden — im Gegenteil! Halten wir fest, daß es unter sieben Schwertern drei gibt, die als Schwert geboren wurden.

1. *Georges Pompidou.*

— Vorherbestimmung: geboren im Zeichen Krebs = Langmesser (3).
— Neigung: in Monboudif (512 Einwohner) = Dolch (2).
— Chancen: Der Vater war Spanischlehrer = Axt (7).
  $3 + 2 + 7 = 12$; $12 : 3 = 4 = $ *arabischer Dolch*

Pompidou, der als arabischer Dolch geboren wurde, ist gut vorangekommen . . . Allerdings hat er die Axt als Aszendenten. Wir wissen, daß der arabische Dolch leicht Kette werden kann. Kette ist er gewesen. Vielleicht ist er es noch. Im Moment scheint er ganz und gar Schwert zu sein. Warten wir ab.

2. *Jacques Chaban-Delmas.*

— Vorherbestimmung: geboren im Zeichen Fische = Axt (7).
— Neigung: in Paris = Bogen (12).
— Chancen: Der Vater war Mitglied in Aufsichtsräten = Kette (8).
  $7 + 12 + 8 = 27$; $27 : 3 = 9 = $ *Schwert*

Er wurde als Schwert geboren und hat Eltern, die Kette waren — da können wir nur hoffen, daß er sich nicht kaufen läßt. Der Bogen bringt ihm Intelligenz und Geschick. Diese Neigung hat ihn sicher vor der eher etwas niederen

Vorherbestimmung bewahrt. Er muß sich gut festhalten, wenn er auf seinem Platz bleiben will. Und es sieht ganz so aus, als ob das sein Wunsch wäre ...

3. John F. Kennedy.

— Vorherbestimmung: geboren im Zeichen Zwillinge = Morgenstern (5).
— Neigung: in Brooklyn (54.400 Einwohner) = Keule (6).
— Chancen: Sein Vater war Politiker. Zu Beginn war er Idealist und somit Schleuder, dann scheint er zur Kette geworden zu sein (8).
  5 + 6 + 8 = 19; 19 : 3 = 6,33 = *Keule*

John F. Kennedy, der als Keule geboren wurde, ist schließlich Schwert geworden und hat damit drei Stufen erklommen, was sehr gut ist ... besonders dann, wenn die Keule als Aszendent-Waffe beteiligt ist. Aber man muß sich fragen dürfen, ob John F. Kennedy wirklich für die Politik und zum Herrschen gemacht war.

4. Frau Golda Meir.

— Vorherbestimmung: geboren im Zeichen Stier = Keule (6).
— Neigung: in Kiew, Rußland (1.104.334 Einwohner) = Lanze (10).
— Chancen: Ihr Vater war Kunstschreiner. (Man darf einen Kunstschreiner nicht mit einem Handwerker gleichstellen; ein Kunstschreiner ist kein einfacher Tischler.) = Axt (7).
  6 + 10 + 7 = 23; 23 : 3 = 7,66 = *Kette*

Ihre Aszendent-Waffen haben dieser Kette, die zum Schwert geworden ist, zu einer schönen Ausgewogenheit verholfen. Ihre Axt-Eltern waren für sie bestimmt sehr günstig ... aber man muß festhalten, daß sie letztlich doch nur eine Stufe hinaufgeklettert ist. (Da in Israel leider der

Kriegszustand herrschte, hat die israelische Botschaft mir nicht ohne eine gewisse Zurückhaltung, um nicht zu sagen: mit Mißtrauen, Auskünfte über Frau Meir gegeben. Über die Nationalität des arabischen Horoskops habe ich aber wohlweislich doch lieber Stillschweigen bewahrt.)

5. Francisco Franco.

— Vorherbestimmung: geboren im Zeichen Schütze = Bogen (12).
— Neigung: in El Ferrol (74.799 Einwohner) = Keule (6).
— Chancen: Sein Vater war in der Marine = Schwert (9).
  $12 + 6 + 9 = 27; 27 : 3 = 9 = $ *Schwert*

Franco wurde als Schwert geboren und hatte, zum Unglück für die Spanier, keine Mühe, es zu bleiben. Der Bogen als Waffe der Vorherbestimmung versprach ja, daß er ganz nach oben kommen würde. In der Tat war er ein Super-Schwert. Seine Keule-Neigungen, die an sich recht sympathisch waren, sind für Spanien keine große Hilfe gewesen.

6. Queen Victoria.

— Vorherbestimmung: geboren im Zeichen Zwillinge = Morgenstern (5).
— Neigung: in London (mehr als 5 Millionen Einwohner) = Bogen (12).
— Chancen: Die Eltern waren Schwerter (9).
  $5 + 12 + 9 = 26; 26 : 3 = 8,66 = $ *Schwert*

Sie wurde als Schwert geboren und ist es geblieben — das war ja wohl das mindeste für eine Königin. Wie die Geschichte zeigt, wußte sie ihr Schwert zu handhaben, und es hat ihr bestimmt viel Vergnügen bereitet — im Gegensatz zu anderen Königen, denen es übel ergangen ist oder die ein schlechtes Ende genommen haben. Deren Waffe des Aufbruchs zu errechnen, überlassen wir ihnen.

X. WAFFE DER ANKUNFT: LANZE

1. Maria Callas.

— Vorherbestimmung: geboren im Zeichen Schütze = Bogen (12).
— Neigung: in Manhattan (1.698.000 Einwohner) = Schleuder (11).
— Chancen: Der Vater war Apotheker (Auswanderer) = Axt (7).

12 + 11 + 7 = 30; 30 : 3 = 10 = *Lanze*

Als Lanze geboren zu werden, ist eine außergewöhnliche Chance, und so war Maria Callas schon von Geburt an zu höchsten Dingen berufen. Fast wäre sie zur Kette »abgestiegen«, aber sie hat diese schlimme Stufe glatt überwunden, was sie zweifellos ihrem Axt-Aszendenten zu verdanken hatte. Ist sie Lanze geblieben? Ist sie schon Schleuder oder Bogen? Auf jeden Fall genügt dazu ein bißchen mehr Einsatz auf schöpferischem Gebiet.

2. Catherine Deneuve.

— Vorherbestimmung: geboren im Zeichen Waage = Kette (8).
— Neigung: in Paris = (12).
— Chancen: Die Eltern waren Schauspieler = Axt (7).

8 + 12 + 7 = 27; 27 : 3 = 9 = *Schwert*

Was für eine Überraschung! Catherine Deneuve wurde als Schwert geboren! Durch die Kette ist sie zum Geld vorherbestimmt, und sicher hat sie auch welches. Der Bogen sorgt für schöpferische Neigungen, während die Axt sie dazu bringt, diese auch zu realisieren. Es sieht ganz so aus, als hätte Catherine eine gute Fee zur Patin gehabt. Jetzt ist sie schon Lanze. Warten wir ab, wie es weitergeht.

3. Claude Renoir ist Kameramann und Aufnahmeleiter.

— Vorherbestimmung: geboren im Zeichen Schütze = Bogen (12).
— Neigung: in Paris = Bogen (12).
— Chancen: Die Eltern waren Schauspieler = Axt (7).
   12 + 12 + 7 = 31; 31 : 3 = 10,33 = *Lanze*

Claude Renoir wurde als Lanze geboren und ist es geblieben. Eigentlich hätte er viel weiter nach oben steigen müssen, denn wir sind der Meinung, daß er sehr begabt ist. Und diese Begabung geht über die eines Super-Technikers hinaus. Wir halten ihn folglich für eine Schleuder.

4. José-Maria Flotats, Schauspieler.

— Vorherbestimmung: geboren im Zeichen Steinbock = Lanze (10).
— Neigung: in Barcelona (1.557.000 Einwohner) = Schleuder (11).
— Chancen: Die Eltern waren Arbeiter = Dolch (2).
   10 + 11 + 2 = 23; 23 : 3 = 7,66 *Kette*

Er wurde als Kette geboren, und jetzt ist er trotz seiner niederen Herkunft eine, wenn auch kurze, Lanze. Seine Waffen der Vorherbestimmung und Neigung sind allerdings sehr hoch. Es gibt keine Wunder . . .

5. Guy Launais ist Direktor an einem großen Pariser Gymnasium.

— Vorherbestimmung: geboren im Zeichen Zwillinge = Morgenstern (5).
— Neigung: in Agen (35.150 Einwohner) = Morgenstern (5).
— Chancen: Die Eltern waren Studienräte = Lanze (10).

5 + 5 + 10 = 20; 20 : 3 = 6,66 = *Axt*

Als geborene Axt ist Guy Launais Lanze geworden. Er ist drei Stufen nach oben gestiegen, was für die Axt normal ist . . . aber seine Morgenstern-Neigung hat Ehrgeiz und starken Willen mitgebracht. Er könnte noch höhere Ziele anvisieren, wenn er nicht gegen eine relativ niedere Vorherbestimmung ankämpfen müßte. Wir geben ihm den Rat, sich als Autor zu versuchen. Wir wissen, daß er vom Theater träumt . . .

6. *Claude Nedjar ist Aufsichtsratsmitglied.*

— Vorherbestimmung: geboren im Zeichen Löwe = Schwert (9).
— Neigung: in Antony (46.800 Einwohner) = Morgenstern (5).
— Chancen: Der Vater war Auslieferungsfahrer und die Mutter eine Milch- und Eierhändlerin = Langmesser (3).

9 + 5 + 3 = 17; 17 : 3 = 5,66 = *Keule*

Claude Nedjar wurde als Keule mit Morgenstern-Neigungen geboren, und so war er zwangsläufig ehrgeizig (Morgenstern) und begabt (Keule). Die Vorherbestimmung Schwert war hoch; sie muß ganz verflixt mitgemischt haben . . . Was konnten seine Eltern bei all dem tun? Ihn zurückhalten? Nein! Durch ihr Verhalten haben sie eher dazu beigetragen, daß er von zu Hause weg wollte. Das hat er in ganz jungen Jahren getan.

XI. WAFFE DER ANKUNFT: SCHLEUDER

1. *Anny Reffo ist Grafik-Designerin.*

— Vorherbestimmung: geboren im Zeichen Skorpion = arabischer Dolch (4).
— Neigung: in Aix-les-Bains (18.300 Einwohner) = Morgenstern (5).
— Chancen: Der Vater war Oberkellner = Morgenstern (5).

4 + 5 + 5 = 14; 14 : 3 = 4,66 = *Morgenstern*

Anny wurde als Morgenstern geboren und ist Schleuder geworden. Sie zeichnet mit viel Talent, und es fehlt ihr nicht an Phantasie. Dennoch sind ihre Aszendent-Waffen recht niedrig, und Morgensterne gibt es in rauhen Mengen. Ihre Eltern werden keine Hilfe für sie sein, im Gegenteil, und ihre Waffe der Vorherbestimmung bringt ihr auch kein Glück. Aber als Morgenstern ist sie — und das sogar zweifach — eigensinnig und ehrgeizig . . .

2. *Serge Gainsbourg.*

— Vorherbestimmung: geboren im Zeichen Widder = Dolch (2).
— Neigung: in Paris = Bogen (12).
— Chancen: Sein Vater war Pianist (zu vergleichen mit unbedeutenden Schauspielern) = Axt (7).

2 + 12 + 7 = 21; 21 : 3 = 7 = *Axt*

Als Axt wurde er geboren und hat die Axt auch als Aszendenten (die Waffe, die vorangeht) . . . — da konnte man mit allem rechnen. Nun ist er schon eine Super-Schleuder. Indes muß er sich vor seiner Dolch-Vorherbestimmung hüten: Sie könnte ihm irgendwann einmal übel mitspielen.

3. Daniel Cohn-Bendit.

— Vorherbestimmung: geboren im Zeichen Widder = Dolch (2).
— Neigung: in Frankfurt am Main (688.100 Einwohner) = Lanze (10).
— Chancen: Sein Vater war Anwalt = Lanze (10).

2 + 10+ 10 = 22; 22 : 3 = 7,33 = *Axt*

Er wurde als Axt geboren und wird es weit bringen. Leider wird er von seiner Vorherbestimmung keinerlei Hilfe bekommen (von daher sollte er nicht wie selbstverständlich auf seine Chancen rechnen). Seine Eltern dagegen, die Lanze sind, werden ihn unterstützen . . . selbst wenn sie nicht alles gutheißen, was er tut. Er muß nur vorwärtsstürmen, dann gehört die Zukunft ihm.

4. Jean-Luc Godard ist Filmemacher.

— Vorherbestimmung: geboren im Zeichen Schütze = Bogen (12).
— Neigung: in Paris = Bogen (12).
— Chancen: Der Vater war Arzt = Lanze (10).

12 + 12 + 10 = 34; 34 : 3 = 11,33 = *Schleuder*

Jean-Luc Godard wurde als Schleuder geboren und ist es geblieben — schon das ist sehr schwierig. Wir können uns aber gut vorstellen, daß er noch zum Bogen wird: Er hat die Filmkunst schon weltweit beeinflußt. Er muß sich aber vor seinem zerstörerischen Geist in acht nehmen — der bringt es fertig, daß er die ganzen Stufen hinunterstürzt und als Messer endet.

5. Pierre Barouh ist Liedermacher

— Vorherbestimmung: geboren im Zeichen Wassermann = Schleuder (11).
— Neigung: in Paris = Bogen (12).

— Chancen: Die Eltern waren kleine Kaufleute = Langmesser (3).

11 + 12 + 3 = 26; 26 : 3 = 8,66 = *Schwert*

Er wurde als Schwert geboren und ist heute Schleuder.
Das ist ein Sprung nach vorn, und das letzte Wort hat er
auch noch nicht gesprochen. Seine Vorherbestimmung
war schon hoch, und seine Neigungen wiesen ihn in die
kreative Richtung. Seinem Geburtszeichen sollte er allerdings nicht trauen, denn sonst könnte er zu Selbstüber-
schätzung neigen.

6. *Antonio Benenati ist Nationalökonom und Schriftsteller (er ist der derjenige, der dieses Horoskop entdeckt hat).*

— Vorherbestimmung: geboren im Zeichen Zwillinge =
Morgenstern (5).
— Neigung: in Palermo (mehr als 600.000 Einwohner) =
Lanze (10).
— Chancen: Der Vater war Anwalt = Lanze (10).

5 + 10 + 10 = 25; 25 : 3 = 8,33 = *Kette*

Antonio wurde zwar als Kette geboren, seine Neigungen
und seine Waffe der Chancen waren aber zu gut, als daß er
Kette hätte bleiben können. Seine Vorherbestimmung dagegen war ihm keine große Hilfe. Warten wir ab, was noch
kommt . . . Er kann noch höher steigen, denn sein Ideal ist
edel und ohne Eigennutz. Von seinen Ketten hat er sich befreit.

XII. WAFFE DER ANKUNFT: BOGEN

1. Napoléon Bonaparte.

— Vorherbestimmung: geboren im Zeichen Löwe = Schwert (9).
— Neigung: in Ajaccio (42.300 Einwohner) = Morgenstern (5).
— Chancen: Die Eltern waren von altem Adel = gleichzustellen mit der Lanze (10).

   9 + 5 + 10 = 24; 24 : 3 = 8 = *Kette*

Seine Aszendent-Waffen und seine Waffe des Aufbruchs sind eine ausreichende Erklärung für sein Schicksal. Zum Befehlen vorherbestimmt, mit ehrgeizigen Neigungen, mit Eltern, die sicher stolz waren und ihn auf jeden Fall ermutigt haben, dazu noch mit dem taktischen Geschick der Kette — da mußte er es schon zu etwas Besserem bringen. Eine Axt hätte ihm sein Genie bewahrt, seinen Hochmut gemildert, und dann wäre er zweifellos in besserer Erinnerung geblieben. War er denn überhaupt noch Bogen, als er starb? Wir meinen, daß wir uns das mit Recht fragen dürfen.

2. Charles de Gaulle.

— Vorherbestimmung: geboren im Zeichen Skorpion = arabischer Dolch (4).
— Neigung: in Lille (mehr als 200.000 Einwohner) = Kette (8).
— Chancen: Er war der Sohn eines Philosophie- und Literaturlehrers (bei den Jesuiten) = Axt (7).

   4 + 8 + 7 = 19; 19 : 3 = 6,33 = *Keule*

Auch wenn man kein Gaullist ist, muß man anerkennen, daß er die Welt beeinflußt hat. Die Kette erklärt die Klugheit und Geschicklichkeit, mit der er seine Reden hielt, die Axt sowohl seinen Erfolg als auch seine Aufrichtigkeit. Und die Keule läßt uns Colombey-les-Deux-Eglises verstehen.

3. Francois Mauriac.

— Vorherbestimmung: geboren im Zeichen Waage = Kette (8).
— Neigung: in Bordeaux (283.728 Einwohner) = Kette (8).
— Chancen: Er wurde von seiner Mutter erzogen, die Bäuerin war = Keule (6).

$8 + 8 + 6 = 22; 22 : 3 = 7,33 = Axt$

Er hatte nicht nur die Vorherbestimmung, Geld zu machen, sondern schien außerdem noch die Neigung zu haben, es besonders zu lieben, denn er hat zwei Ketten in seinem Zeichen. Glücklicherweise hat der Aszendent Keule ihm Dichtergabe, Weisheit und einen Hauch Großzügigkeit gebracht . . . Als Axt wurde er geboren — das ist die Waffe, die aufsteigt — und von daher ist er ein Intellektueller; aber nichts ließ vermuten, daß aus ihm einmal ein Mini-Bogen wird . . . Wenigstens ist er, obwohl die Kette ihn sehr in Versuchung geführt hat, den Abhang nicht wieder hinabgestiegen. In hundert Jahren werden wir mehr wissen.

4. Le Corbusier.

— Vorherbestimmung: geboren im Zeichen Waage = Kette (8).
— Neigung: in La Chaux-de-Fonds, Schweiz (40.000 Einwohner) = Morgenstern (5).
— Chancen: Er stammt aus einer Uhrmacherfamilie. (In der Schweiz gibt es Uhrmacher-Schulen, und die Uhrmacherei ist schon fast eine Kunst. Daher schien es uns

unmöglich, die Uhrmacher den Langmessern zuzuordnen. In diesem besonderen Fall stufen wir sie darum als Axt ein.) = Axt (7).

8 + 5 + 7 = 20; 20 : 3 = 6,66 = *Axt*

Seine Vorherbestimmung als Kette, die ehrgeizigen Neigungen des Morgensterns und die Axt als Waffe der Chancen haben ihm einen guten Start ermöglicht. Er ist weit gekommen. Um das alles zu richtig zu verstehen, muß man nur das Kapitel noch einmal lesen, das die Aszendenten der Axt behandelt.

5. Pasteur.

— Vorherbestimmung: geboren im Zeichen Steinbock = Lanze (10).
— Neigung: in Dôle (25.900 Einwohner) = Morgenstern (5).
— Chancen: Der Vater war Gerber = Langmesser (3).

10 + 5 + 3 = 18; 18 : 3 = 6 = *Keule*

Diese Keule war aufgrund ihrer Neigungen ehrgeizig. Und die Waffe der Vorherbestimmung ist sehr gut. Pasteur hat mühelos sechs Stufen übersprungen. Obwohl er berühmt ist, muß man doch fragen, ob er wirklich Bogen war, oder, trotz all seiner Verdienste, eine bessere Axt, die es verstanden hat, ihre Umwelt aufmerksam zu beobachten? Oder eine Lanze? Nein. . . er war zu idealistisch eingestellt, um nur das zu sein. Pasteur ist doch Bogen.

6. Jean-Paul Sartre.

— Vorherbestimmung: geboren im Zeichen Zwillinge = Morgenstern (5).
— Neigung: in Paris = Bogen (12).
— Chancen: Er war Waise und wurde von seinem Großvater Charles Schweitzer erzogen = Axt (7).

5 + 12 + 7 = 24; 24 : 3 = 8 = *Kette*

Dem Kette-Geborenen haben seine Bogen-Neigungen bestimmt sehr geholfen und ihm das nötige Genie gebracht. Die Axt als seine Waffe der Chancen hat ihn sicher anderen Träumen nachhängen lassen als Träumen von Geld ... Aber seine unbestreitbare Gewandtheit hat er zweifellos von der Kette — seine Gewandtheit und seinen Realitätssinn.

7. Fréderic Chopin.

— Vorherbestimmung: geboren im Zeichen Fische = Axt (7).
— Neigung: in Zelazowa Wola, in der Nähe von Warschau = Dolch (2).
— Chancen: Die Eltern waren gebildet und kultiviert, wenn sie auch in bescheidenen Verhältnissen lebten = Axt (7).

$7 + 2 + 7 = 16; 16 : 3 = 5,33 = $ *Morgenstern*

Ein seltsames Schicksal ... Er muß die »nötige Begabung« gehabt haben. Und die Kombination $7 + 2 + 7$ ist auf jeden Fall die beste — das können Sie überprüfen. Ist das nicht merkwürdig? Es wird sogar deutlich gesagt, daß die Dolch-Neigungen dem allzu soliden Morgenstern dieses »Fünkchen Phantasie« bringen, das für den Erfolg erforderlich ist ... das gilt ganz sicher besonders bei einem Künstler.

8. Marie Curie.

— Vorherbestimmung: geboren im Zeichen Skorpion = arabischer Dolch (4).
— Neigung: in Warschau (1.203.000 Einwohner) = Lanze (10).
— Chancen: Der Vater war Wissenschaftler = Axt (7).

$4 + 10 + 7 = 21; 21 : 3 = 7 = $ *Axt*

159

Als Axt geboren zu sein und Eltern zu haben, die Axt sind — das ist eine ideale Kombination, zumal noch die Neigungen der Lanze hinzukamen! Das alles setzt große Intelligenz voraus, die weder Glück noch Genie nötig hatte . . . aber vielleicht haben auch die mitgewirkt.

9. Van Gogh.

— Vorherbestimmung: geboren im Zeichen Widder = Dolch (2).
— Neigung: in Groot-Zundert, Niederlande (12.500 Einwohner) = arabischer Dolch (4).
— Chancen: Der Vater war Geistlicher = Axt (7).
  2 + 4 + 7 = 13; 13 : 3 = 4,33 = *arabischer Dolch.*

Daß er als arabischer Dolch geboren wurde, erklärt seine Labilität . . . dazu kam noch die Neigung zum arabischen Dolch. Aber zum Glück gab es noch die Axt! Van Gogh ist ein gutes Beispiel für jene Persönlichkeiten, die zu Lebzeiten Schleuder werden, nach ihrem Tod aber Bogen.

10. Die heilige Teresa von Avila.

— Vorherbestimmung: geboren im Zeichen Widder = Dolch (2).
— Neigung: in Avila (26.800 Einwohner) = Morgenstern (5).
— Chancen: Die Eltern waren wahrscheinlich gebildet, denn sie wurde sehr früh zum Unterricht ins Kloster gegeben. = Axt (7).
  2 + 5 + 7 = 14; 14 : 3 = 4,66 = *Morgenstern*

Immer wieder ist es die Axt, die im Spiel des Lebens ein derartiger Trumpf ist! Der Dolch zeigt an, daß sie Enttäuschungen erleben mußte . . . aber ihre Morgenstern-Neigungen haben es ihr ermöglicht, diesen die Stirn zu bieten. In dieser Mischung war die Axt sehr willkommen.

11. Emily Brontë.

— Vorherbestimmung: geboren im Zeichen Löwe = Schwert (9).
— Neigung: in Thornton, York (5400 Einwohner) = arabischer Dolch (4).
— Chancen: Der Vater war ein Autodidakt, der trotz seiner niedrigen Herkunft eine Zulassung für das St. John's College in Cambridge erhielt = Axt (7).

$9 + 4 + 7 = 20; 20 : 3 = 6,66 = Axt$

Wir wundern uns nicht über ihren Erfolg . . . Zweimal die Axt in ihrem Zeichen, dazu noch das Fünkchen Wahnsinn des arabischen Dolchs — und die hohe Vorherbestimmung hat sicher noch kräftig mitgemischt.

12. Colette.

— Vorherbestimmung: geboren im Zeichen Wassermann = Schleuder (11).
— Neigung: in Saint-Sauveur-en-Puisaye, Burgund (1280 Einwohner) = Dolch (2).
— Chancen: Die Eltern waren Bauern = Keule (6).

$11 + 2 + 6 = 19; 19 : 3 = 6,33 = Keule$

Begabt wie alle, die Keule sind und somit die Natur lieben, ist Colette schließlich Bogen geworden. Dolch-Neigungen sind niemals schlecht, das wissen wir, und die Schleuder als Vorherbestimmung ist ein glückliches Geschenk des Zufalls. Bestimmt hat ihre Waffe der Chancen Versuche gemacht, sie zurückzuhalten . . . aber andererseits hat sie ihr so viele gute Eigenschaften gebracht! Uns ist das zugute gekommen.

13. Gandhi.

— Vorherbestimmung: geboren im Zeichen Waage = Kette (8).
— Neigung: in Porbandar, Kathiawar (75.000 Einwohner) = Keule (6).
— Chancen: Seine Familie gehörte Regierungskreisen an und war sehr religiös = Schwert (9).

$8 + 6 + 9 = 23; 23 : 3 = 7,66 = $ *Kette*

Gandhi wurde als Kette geboren, der ein wenig Axt beigemischt war, und ganz unzweifelhaft ist er als Bogen gestorben — das ist ein ansehnlicher Sprung. Zumal Gandhi durch seine Waffe der Vorherbestimmung in Gefahr war, Kette zu bleiben . . . Aber seine Eltern waren sicher nicht gegen seine Keule-Neigungen, die ihm die Berufung zum Glück gebracht haben — zum Glück der anderen.

14. Picasso.

— Vorherbestimmung: geboren im Zeichen Skorpion = arabischer Dolch (4).
— Neigung: in Malaga, Spanien (310.000 Einwohner) = Kette (8).
— Chancen: Sein Vater war Professor an der Kunstakademie in Barcelona. Er war Künstler und hatte ein gewisses Talent, wählte dann aber den Unterricht und damit die Sicherheit = Axt (7).

$4 + 8 + 7 = 19; 19 : 3 = 6,33 = $ *Keule*

Als Keule wurde er geboren, aber der arabische Dolch der Vorherbestimmung hat sein Leben bestimmt kompliziert gemacht. Seine Neigungen zur Kette erklären einiges . . . und dank seiner Waffe der Chancen konnte Picasso ein hohes Ziel anvisieren. Das hat er mit einer gewissen Begabung und sicherem Gespür auch getan. Aber nehmen wir doch einfach an, daß seine Neigungen zur Kette nötig waren, um sein Genie zur Entfaltung zu bringen. Er hat Sinn für den großen Auftritt, und gerade seine Aggressivität rückt ihn ins rechte Licht.

15. Mao Tse-Tung.

— Vorherbestimmung: geboren im Zeichen Skorpion = arabischer Dolch (4).
— Neigung: in einem kleinen Dorf der Provinz Hunan = Messer (1).
— Chancen: Er stammt aus einer relativ wohlhabenden Bauernfamilie = Keule (6).

$4 + 1 + 6 = 11; 11 : 3 = 3,66 = $ *arabischer Dolch*

Beim arabischen Dolch kann man wahrhaftig auf alles gefaßt sein (siehe Pompidou). Und die Neigungen zum Messer, die zum Glück von der Waffe der Chancen abgeschwächt werden, haben nichts ausrichten können ... Mao Tse-Tung hat die höchste Bestimmung erreicht — vielleicht sogar deshalb, weil seine Aszendent-Waffen so gut mitgeholfen haben. Er ist acht Stufen hinaufgeklettert und hat bewiesen, daß alles möglich ist, wenn man sich nicht in sein Schicksal ergibt.

16. Lenin.

— Vorherbestimmung: geboren im Zeichen Stier = Keule (6).
— Neigung: in Simbirsk, Rußland (205.000 Einwohner) = Kette (8).
— Chancen: Der Vater war Lehrer = Axt (7).

$6 + 8 + 7 = 21; 21 : 3 = 7 = $ *Axt*

Da er als Axt geboren wurde und die Axt auch als Waffe der Chancen hat, ist es normal, daß er so hoch »gestiegen« ist. Die Kette als Waffe der Neigung hat ihm sicher die Schlauheit gebracht, die für den Erfolg erforderlich ist. Es ist schon so — die Axt läßt ihren Mann nicht im Stich!

17. Leonardo da Vinci.

— Vorherbestimmung: geboren im Zeichen Widder = Dolch (2).

— Neigung: in Vinci, in der Nähe von Florenz (9484 Einwohner) = arabischer Dolch (4).

— Chancen: Seine Eltern waren nicht verheiratet, und seine Kindheit war bestimmt nicht wohlgeordnet. Später erkannte sein Vater ihn an. Als er noch sehr jung war, nahmen sich Künstler seiner an, und man kann ihm als Waffe der Chancen den Mittelwert zwischen seinem Vater (Axt = 7), seiner Mutter (arabischer Dolch = 4) und seinem Lehrer (Schleuder = 11) zuerkennen. Also: 7 + 4 + 11 = 22; 22 : 3 = 7,33 (Axt).

2 + 4 + 7 = 13; 13 : 3 = 4,33 = *arabischer Dolch*

Leonardo da Vinci wurde als arabischer Dolch mit den Neigungen des arabischen Dolchs und einer Axt als Waffe der Chancen geboren und wurde schließlich Bogen. Genauso war es bei Van Gogh; auch die Startbedingungen und ihre Aszendenten waren gleich. Das gibt schon zu denken.

18. Hitler.

— Vorherbestimmung: geboren im Zeichen Widder = Dolch (2).

— Neigung: in Braunau am Inn, Österreich (16.379 Einwohner) = Morgenstern (5).

— Chancen: Der Vater war beim Zoll = Morgenstern (5).

2 + 5 + 5 = 12; 12 : 3 = 4 = *arabischer Dolch*

Hitler ist also als arabischer Dolch zur Welt gekommen. Lesen wir noch einmal das Kapitel, das diese Waffe behandelt, und denken wir über den Satz nach: »Der arabische Dolch kann Zerstörung und Tod bringen.« Wenn man als arabischer Dolch geboren wird und am Ende Bogen ist, so ist das ein wunderbarer Sprung nach vorn . . . aber ist er nicht in Wirklichkeit doch arabischer Dolch geblieben? Sein Ende gibt zu denken. Überlassen wir ihn der Wohltat der Ungewißheit . . .

19. Macchiavelli.

— Vorherbestimmung: geboren im Zeichen Stier = Keule (6).
— Neigung: in Florenz (438.500 Einwohner) = Schwert (9).
— Chancen: Der Vater war Rechtsgelehrter, aber sehr arm (im Gegensatz zum Rest der Familie) = Axt (7).
  $6 + 9 + 7 = 22; 22 : 3 = 7,33 = Axt$

Noch eine Axt! Eine Axt als Waffe der Chancen gehört fast immer zu den besten Kombinationen. Nimmt man dazu noch die Neigung zum Schwert und die Axt als Waffe des Aufbruchs, so wird durchaus verständlich, daß man auf Macchiavelli stößt. Sein Schicksal läßt sich durch dieses Horoskop wunderbar erklären, denn diese wohldosierte Mischung bot ihm alle Chancen, den Weg, den er sich ausgesucht hatte, mit Erfolg zu gehen.

20. Georges Sand.

— Vorherbestimmung: geboren im Zeichen Krebs = Langmesser (3).
— Neigung: in Paris = Bogen (12).
— Chancen: Ihr Vater war der uneheliche Enkel des Marschalls von Sachsen und ihre Mutter eine Bürgerliche. Ihr Vater starb, als sie vier Jahre alt war, und ihre Großmutter väterlicherseits wollte die Erziehung übernehmen. Sie blieb indes ihrer Mutter sehr verbunden, was die Widersprüche in ihrem Charakter erklärt. Man kann ihr als Waffe der Chancen den Mittelwert zwischen ihrem Vater (Schwert = 9), ihrer Mutter (arabi-

scher Dolch = 4) und ihrer Großmutter (Schwert = 9) zu erkennen. Also: 9 + 4 + 9 = 22; 22 : 3 = 7,33 (Axt).

3 + 12 + 7 = 22; 22 : 3 = 7,33 = *Axt*

Und wieder die Axt! Die Axt-Geborenen können alles erreichen, das ist bekannt, zumal wenn ihre Waffe der Chancen die Axt und der Bogen ihre Waffe der Neigung ist. Der kleine Anteil des arabischen Dolchs, der sich in ihre Waffe der Chancen geschlichen hat, war sicher nicht ohne Nutzen . . .

21. *Galileo Galilei.*

— Vorherbestimmung: geboren im Zeichen Wassermann = Schleuder (11)
— Neigung: in Pisa, Italien (91.100 Einwohner) = Keule (6).
— Chancen: Der Vater war Musiker = Axt (7).

11 + 6 + 7 = 24; 24 : 3 = 8 = *Kette*

Die Neigung zur Keule ist eine Erklärung für vieles und hat seine kettenbestimmte Seite sicher abgeschwächt. Die Schleuder als Vorherbestimmung und die Axt von den Eltern her — das war eine gute Kombination, das muß man einräumen. Was zu beweisen war!

Halten wir fest, daß unter den Erfolgreichen viele eine Axt als Aszendent-Waffe haben (besonders gut ist sie als Waffe der Chancen), wenn sie nicht selbst Axt sind. Und dann sollten wir noch einmal alles lesen, was diese Waffe betrifft — sei sie nun die Waffe des Aufbruchs, die Waffe der Vorherbestimmung, die Waffe der Neigung oder die Waffe der Chancen, für die das ganz besonders gilt. Lassen wir uns zumindest davon beunruhigen, wenn nicht überzeugen.

Weitere Themen
in dieser kleinen Reihe der Geheimnisse

Papus: **Das Buch des Glücks**
Ein praktisches Handbuch zur
Ermittlung und Unterstützung
der individuellen Lebenschancen
120 S. mit vielen Abb. brosch. DM 16.-
ISBN 3-925828-13-3

Georges Muchery:
Die persönliche Magie des Parfüms
Die Anwendung individueller Duft-
essenzen nach astrologischen Einflüssen
216 S. brosch. DM 24.80
ISBN 3-925828-11-7

Agatha Laroche:
Der persönliche Magie der Schmucksteine
Ihre wohltuenden und heilenden
Wirkungen auf den Menschen
120 S. brosch. DM 14.80
ISBN 3-925828-14-1

Die persönliche Magie der Pflanzen
Gesundheit und Schönheit
durch Blüten und Heilkräuter.
Auf der Grundlage der Okkulten Botanik
nach Sédir herausgegeben von Belledame.
120 S. mit vielen Abb. brosch. DM 16.-
ISBN 3-925828-15-X